战争与日本人

[日] 加藤阳子　[日] 佐高信　著
张永亮　陶小军　译

人民东方出版传媒
People's Oriental Publishing & Media
東方出版社
The Oriental Press

图书在版编目（CIP）数据

战争与日本人 / （日）加藤阳子，（日）佐高信 著；张永亮，陶小军 译. —北京：东方出版社，2017. 7
ISBN 978-7-5060-9844-1

Ⅰ. ①战…　Ⅱ. ①加… ②佐… ③张… ④陶…　Ⅲ. ①民族文化—研究—日本
Ⅳ. ①K313. 03

中国版本图书馆 CIP 数据核字（2017）第 185612 号

战争与日本人
（ZHANZHENG YU RIBENREN）

作　　者：［日］加藤阳子　［日］佐高信
译　　者：张永亮　陶小军
责任编辑：李文婷
出　　版：东方出版社
发　　行：人民东方出版传媒有限公司
地　　址：北京市东城区东四十条 113 号
邮　　编：100007
印　　刷：北京京都六环印刷厂
版　　次：2017 年 10 月第 1 版
印　　次：2017 年 10 月第 1 次印刷
开　　本：640 毫米×950 毫米　1/16
印　　张：13. 25
字　　数：130 千字
书　　号：ISBN 978-7-5060-9844-1
定　　价：35. 00 元
发行电话：（010）85924663　85924644　85924641

目　录

序言：当日本依旧“少年”时 …… 001

前言——从近现代史中探寻日本人多样的形象 …… 007

序　章　**如何看待世界？**
面对历史要转动眼球 …… 001

试问日本人的历史观 …… 003

避开伤感和断言，重新审视战争 …… 005

不主动去了解历史的孩子们 …… 007

发人深思的力量 …… 009

挑逗人民心理的机制 …… 012

一元价值观的危险性 …… 014

大逆事件100年后的现状 …… 016

第一章　**政治与正义**
原敬和小泽一郎的“觉悟” …… 019

被杀害的政治家 …… 021

能操控时势吗？ …… 023

原敬传说中的大人政治家形象 …… 025

暗杀原敬是“孩子”的行径 …………………………… 027
藏有迷云的暗杀背后 …………………………………… 030
检察机关应该如何存在？…………………………… 032
小泽一郎的“理想与现实” ………………………… 034

第二章 征兵与“不幸的均沾”
大家都一样处在不幸的社会里 ……………………… 039

征兵和志愿军 ………………………………………… 041
日本不赔罪的心情及背景 …………………………… 042
为什么会发生戏剧性的变化？……………………… 045
征兵令转向“公平” ………………………………… 046
“最小不幸社会”的欺瞒 …………………………… 049
借助桃太郎强化人民意志 …………………………… 051
征兵背后 ……………………………………………… 053
填补精神损失之际 …………………………………… 054
韩国的征兵制 ………………………………………… 055
远东的征兵制和日本的帝国责任 …………………… 057
宪法九条的背面 ……………………………………… 059

第三章 反战、厌战的系谱
冷眼看待狂热 ………………………………………… 061

被揉搓、调换的记忆和感情………………………… 063
直接说“讨厌战争带来的相互残杀”不好吗？ ……… 065
战争导致“我破国荣” ……………………………… 067

被排挤的人 …… 069

性命取决于成绩 …… 072

冷眼看待狂热 …… 074

文学的意义 …… 076

歌曲的力量 …… 078

只是想含块糖 …… 080

举起印在书上的正义 …… 081

第四章 **草根法西斯主义**
被煽动起来的群众 …… 085

母亲的想法和妻子的想法 …… 087

国家在保护谁？…… 089

社区的冷与暖 …… 092

天鹅进苇花 …… 094

青年团和处女会 …… 096

参与型国家主义的萌芽 …… 098

拿国定忠治和佐仓惣五郎来说事 …… 100

战争时期的农业政策 …… 101

犬养毅培养的人 …… 103

《乳和蜜》——基督教思想带来的东西 …… 105

草根法西斯主义从农村到企业社会 …… 108

修行团不断向大企业传递的感受 …… 111

有组织的法西斯主义和相互监视的社会 …… 113

法西斯主义的新温床——网络社会 …… 115

第五章 外交和国防的距离
寻找和平与经济双赢的道路 …… 119

自卫队在保卫什么？ …… 121
自卫队对外交的感觉 …… 124
重走万隆路，有没有未来的关键是什么？ …… 127
中日关系恶化的背景 …… 130
中国对联合国维和部队的贡献 …… 133
《禁止地雷条约》和废除地雷运动 …… 134
冲绳问题和美国的情报机关 …… 135
中国社会的奥秘 …… 139
熊猫外交和乒乓外交 …… 139

第六章 从“诗词”中解读历史
诗歌和无政府主义 …… 143

天皇御制诗歌中的想法 …… 145
“男性风格”的时代 …… 149
昭和天皇的深虑和纷争 …… 152
短歌和俳句与秩序之间的关系 …… 155
川柳中体会到的女工像 …… 157
长命的非战思想 …… 159
无政府主义的可能性 …… 160
无政府主义诗人 …… 162

终　章　国家和个人
带有强劲而柔软的想象力和深深的怀疑 …………………… 165

开朗的无政府主义者大杉荣 …………………………… 167

GUNDAM（机动战士高达）与战争 ……………………… 170

摇摇欲坠的必要性 ……………………………………… 172

围绕冲绳核密约 ………………………………………… 175

媒体“心醉神迷的正义”值得怀疑！ ………………… 177

结语——历史与日本人 …………………………………… 179

译后感 ……………………………………………………… 187

序言：当日本依旧“少年”时

东方出版社的美女编辑找到我，希望我为该社即将出版的中文版《战争与日本人》写一篇序言。恰好，这本书我也读过，今天也在我东京家的书架上。当初，我读这本书的时候，首先注意到的是作者之一——加藤阳子。我不理解，一位1960年出生的日本女性学者为何如此关心往昔的战争？

我知道，加藤阳子教授关于战争的书籍并不止这一册。至少，我知道她在1993年出版过《摸索的1930年代——日美关系和陆军中间层》（山川出版社）；1996年出版过《征兵制与近代日本——1868—1945》（吉川弘文馆），这也是她在东京大学获得博士学位的博士论文；2002年出版了《战争的日本近现代史——东大式课程！从征韩论到太平洋战争》（讲谈社现代新书）；2005年出版了《战争的论理——从日俄战争到太平洋战争》（劲草书房）；2007年出版了《阅读战争》（劲草书房）、《系列日本近现代史（5）从满洲事变走向日中战争》（岩波书店）；2009年出版了《尽管如此，日本还是选择了战争》（朝日出版社）；2011年出版了《天皇的历史第8卷 昭和天皇和战争的世纪》（讲谈社）等等。可以这样说，加藤阳子教授是现在日本女性学者研究战争问题的第一人。

接下来，或许还有读者会追问我在开篇提出来的问题：一位

1960年出生的日本女性学者为何如此关心往昔的战争？我呢，依然不想做正面回答。我想告诉读者的是：20世纪80年代末期，加藤阳子在东京大学攻读博士学位的时候，指导教授是日本著名的保守派历史学家（我实在不好意思说他是右翼学者）伊藤隆。但是，加藤阳子并没有走与指导教授相同观点的道路，而是勇敢地站出来正面批判安倍晋三的历史认识，坚决反对《特定秘密保护法》，指出“安倍政权特别危险”。看到这里，读者或许可以自己回答这个提问。我呢，则对这位“吾爱吾师，吾更爱真理”的女学者表示敬意！

至于本书的另一位作者——佐高信，我也是不陌生的，他在日本有“当代鲁迅”之誉。我曾到他主办的《星期五周刊》参加过多次座谈会。有的时候，我觉得他简直就是一位为“战斗”而生的学者、记者。我看过他写的《安倍政权十大罪行 佐高信的政经外科16》(每日新闻社)，真的很有战斗力和杀伤力。

现在，东方出版社把这样两位日本学者的《战争与日本人》翻译出版，应该是有意义的。我曾为许多书籍写过序言，我掌握的原则之一，就是不在序言中谈及该书，因为那样会影响、搅扰读者的阅读，有的时候，甚至会误导读者的阅读。

需要说明的是，我对这本书的书名——《战争与日本人》非常感兴趣。在日本历史上，镰仓、室町、德川幕府——600多年的“武家时代”，一直与战争有各种形式的牵连。虽然我们许多中国网民谈起日本战国时代的战争总是不屑一顾，认为那与中国历史上的战争比起来，简直就是“村民打架”的水平，参战人员之少，涉战范围之小，兵器进步之慢，都是不值一提的。这里，我又想起一位日本友人对我说，他十分痴迷中国的《三国志》(其实已经是日本版的《三国演义》了)，因为书中动不动就可以汇聚百万大军，动不动就可以“千里大奔袭”，他说在日本怎么会有这种可能，让人追得像兔子一样逃跑，翻过一座山就是大海了，无处可逃啊！哈哈！但是，我们决不能仅仅“哈哈”而已！因为600多年“武家时代”最后构筑了日本的精神体系之一——武士道！这是在几千年中国军事战争史上也没有能够形成的东西。因此，在研究“战争与日本人”这个题目时，“武士道”应该是一个很好的切入点。

其次，我想说的是，许多中国人都认为日本茶道是了解日本文化的第一把钥匙。现在，更有一些“哈日族”，谈起日本茶道就有一种充满敬畏的毕恭毕敬的感觉，什么“和敬清寂”啊，什么“一期一会”啊，统统挂在嘴上。而我的研究表明，日本茶道从来就是与权力、与铁火交织的战争相附而行的，特别是进入战国时代以后，茶道成为执掌权柄者玩弄于掌上的“艺术”，成为强化自身权力的一种象征，成为归附权力的一种表现，成为开战和停战的一种借口，日本茶道背后的血雨腥风超过世界上任何一种艺术的“暗部”。我是没有时间和精力了，但我仍然建议，将来能够有人写出《日本茶道与战争》。也就是说，研究“战争与日本人”这个题目，也不妨从日本茶道入手。

再次，我想说的是，1868年日本实施明治维新。记住，“明治维新”实际上是日本让天皇重新掌握实权的一种复古和复辟。对此，我们许多热情讴歌“明治维新”的中国读者是认识不足的。问题在于，按照中国人的理解，既然是“复辟”“复古”那就应该像“张勋复辟”“溥仪复辟”一样，而日本怎么反而有了全新的发展呢？这就又要涉及“战争与日本”这个题目。明治维新后的第3年，也就是1871年，日本开始建立近代化的军队。而这支军队，不再是以往幕府时代各个大名领衔的武士集团，而是“天皇的军队”。所以，日本近代军队第一个鲜明的特点，就是日本的军队是“天皇的军队”。长期以来，我们注重研究日本的军制以及他们对外国军制的吸收，而忽视对核心问题——“天皇的军队”的研究。此外，在日本建立了近代军队的第3年，也就是1874年，日本明治天皇便下令军队出兵中国台湾。此事非同小可。从此，日本对外十年一战，1884年试图出兵朝鲜，1894年挑起甲午中日战争，1904年挑起日俄战争，1914年挑起日德青岛战争，从此一发而不可收，直至1945年战败投降。这个发展路径说明，日本近代军队的第二个鲜明特点，就是“外向型军队”，就是一支通过制造“外患”来解决“内忧”的军队，就是一支对外侵略的军队。研究“战争与日本人”的时候，绝对不能忽视这一点。

最后，我想稍微涉及一下本书中提到的“孩子气”。大家都知道，战后，美国的麦克阿瑟率军占领日本，实行战后改革。那时，日本人把麦克阿瑟视为“大救星”，不知道有多少人给他写信表忠心，也不知道有多少日本女性主动表示要给他生孩子。麦克阿瑟离任回国的时候，日本东京万人空巷热烈欢送，还要给他建立神社。但是，当麦克阿瑟回国后在国会发表讲演指出日本“还是一个12岁的少年”时，日本全国陷于疯狂的抗议之中，翻脸比翻书还快。他们，觉得自己是大人了。而日本每每想表现自已是“大人”的时候，就要发动战争！

与中国悠久的历史相比，吸吮着中国文化乳汁的日本，总有一种内心的焦虑感。因为他们是“少年”。这样，日本就不惜用各种各样“去唐化”的方法，建立自己的“大和文化”，然后就是用战争表现自己的成长。与西方强国美国相比，特别是1853年被美国四艘黑船打开国门以后，日本仍然感到的是内心的焦虑。他想用一切方式超过美国，证明自己是“大人”，最后不惜在1941年发动太平洋战争。

其实，日本尽量想摆脱“少年”，成为“大人”，也不应该是错误的。但是，日本希望自己成为大人的过程，就如同今天一些中学生想让自己成为“大人”一样，是用抽烟、喝酒、早恋等“不良”形式来表现，日本用的就是“战争手段”。

话说到今天，日本又陷入焦虑之中。为什么？因为中国GDP在2010年超过日本，2016年底已经是日本的近三倍；因为中国军队已经从“保家卫国”转向“为地域与世界的和平做贡献”，不断地走出第一岛链、第二岛链；因为中国倡导、主导了“一带一路”宏伟的国际战略，唤起整个世界的共鸣共感。在这样的背景下，日本依旧是“少年”。怎么办好呢？此时此刻，阅读《战争与日本人》，别有一番意味。

《日本新华侨报》总编辑　蒋丰

2017年6月27日于东京“乐丰斋”

前言——从近现代史中探寻日本人多样的形象

加藤阳子

对话的意图

本书得以完成的契机是，佐高信先生对我在《每日新闻》上写的短评感兴趣。我在《时代的风》专栏上撰写文章，第一次就写了篇题为《无政府状态是高明的——记若干日本人像》的专栏文章（发表于2010年4月4日的晨报上），一开头我写道："您知道笠原和夫这个名字吗?"众所周知，笠原和夫是深作欣二导演的系列电影《无仁义的战争》的剧作家。听说佐高先生那时就注意到了我这个借笠原之名开篇的大学"老师"了。

先来介绍一下那篇引起关注的专栏文章的核心部分：

笠原写过的作品我一定会拜读，他的《破灭的美学》（筑摩文库，2004年）中有一句吸引我的话，"总觉得日本人在无政府状态下才有活力"。一年中只要新年时去参拜皇室的照片、春分（秋分）周和盂兰盆节开佛龛拜佛，其余的日子里就可以随心所欲地做事了，这就是日本。笠原把这种落语①里才有的安稳的生活状态，命名为“天皇制下的无政府主义”。

正如笠原曾经历过的那样，在战争末期，随处可见熟练工让勤劳动员②来的学生工作而自己却懒散度日，海兵团在一决胜负的日子里每天不去训练而是做些鸡鸣狗盗的事，再想到一些战争犯罪案件，对日本人这种在无政府状态下才有活力的奥妙，他的判断显得尤为确切。

但是，亲自研究过日本近现代史之后，我脑海中对战前的日本人浮现出了完全不同的印象。首先，来看一下在第一次世界大战后的巴黎和会上美国总统威尔逊（Thomas Woodrow Wilson）对英国外务大臣贝尔福（Arthur James Balfour）说过的一句话：“根据以往的经验我会很清楚地知道，日本人常常会巧妙地解释条约。”

……

回顾历史我们可以得知，既有巧妙利用条约的时代，也有委身于无政府状态的时代。不同的时代，也一定会有不同的日本人形象。时代结构会产生一种心态，我只祈求在其中能够清晰地看到正确而美好的日本人形象。

---

① 落语：日本的传统曲艺形式之一。表演形式和内容，都与中国的传统单口相声相似。

② 勤劳动员：指日本在战时体制下，根据法律和命令，不顾本人意愿而强制动员劳动力的行为。

在这篇专栏中我想表达，在思考当下日本的时候，我们有必要想起、认识到多样的日本人形象，包括落语中八五郎、熊五郎这样无忧无虑的无政府主义的日本人形象，也包括进行外交谈判高明到让英国和美国戒备的日本人形象。活在当下的我们，不能凭个人喜好去解读历史，也不能强求过去的日本人按照我们的想法去做事情。

确实，在世界金融危机和经济全球化的冲击下，日本已经不再是笠原口中“一年中只要新年时去参拜皇室的照片、春分（秋分）周和盂兰盆节开佛龛拜佛，其余的日子里就可以随心所欲地做事”的国家了。经济的全球化使日本社会产生了激变。

过去，占世界人口两成的发达国家通过剥削其余八成发展中国家的资源和财富来提高资本化生产的利益，经济全球化时代已经不可能再出现这样的社会结构了。结果，发达国家不得不在本国内部，通过两成富裕阶层对剩下八成阶层的剥削来提高利益。发达国家和发展中国家之间过去非平行的关系，也同样在日本国内滋生起来。

过去剥削不同民族和种族、不在眼前的人，现在剥削居住在同一个国家、在眼前的人。过去被不同民族和种族、不在眼前的人剥削，现在被居住在同一个国家、在眼前的人剥削。试想一下就会明白，不管是占两成的剥削者还是占八成的被剥削者，现在相比于过去，在精神方面肯定是更加备受煎熬的。稍微往大了说，只有现在这个世界上随处充斥着人类未曾感受过的精神紧张与压迫煎熬。

法务省[1]颁布的《犯罪白皮书》表明，杀人事件从1954年的最高值开始呈逐年递减趋势，2009年前后，平均每年发生1094起。该数值是1946年有数据以来的最低值。可是，在发生如此少罪行下的日本社会，人们反而对治安感到更加不安。其深层次的原因一定是源自如前所说的“人类未曾感受过的精神紧张”。

假如真是这样，日本是个安稳的国家这一前提现如今就不复存在了，现如今倒是在探寻多样的日本人形象，像笠原先生所说的“在无政府状态下才有活力的日本人”或者像日本近现代史上实际出现过的“擅长手段高明的外交谈判的日本人”等。我想由此来讨论过去、现在、未来的日本和日本人的理想状态。

副标题的含义

《战争与日本人》这个标题，就是字面意思，没有必要解释。但是，副标题《致恐怖主义的孩子们》可能要稍作说明。因为会有人指责我弄错了上下文的逻辑关系，说一个大学老师怎么向孩子推荐起恐怖主义来，所以，我在这里首先作一个说明。

为什么要用这个副标题呢？我就是想在对话中让您读到实际上应该如何表达“恐怖主义”和“孩子”的关系。

序章有一则关于胜海舟为哀悼在1877年（明治十年）发生

① 法务省：是日本维持基本法制、制定法律、维护国民权利、统一处理与国家利害有关的诉讼的行政机关。

的最大也是最后一场士族[1]叛乱西南战争中牺牲的西乡隆盛而吟咏歌碑[2]的故事。海舟对江户开城投降时的主角西乡如下哀吟道：

衣衫尚湿必相干，蒙受胁迫不申冤，听凭孩子奔战事，屈做贼臣甚可怜。

海舟明知自己的想法和鹿儿岛私学校[3]派的士族不同，但他还是对西乡的死悲痛哀吟，这是因为西乡对私学校派中少壮士族们发起的叛乱保持了沉默，从而受到了拥戴。

第一章，原敬在听说虚岁 19 的少年在东京站门口被暗杀的事件（1921 年 11 月 4 日）时，引用过大杉荣发表的言论。大杉自己也在两年后的 9 月关东大地震的混乱中被杀害了，当时大杉小声说了一句“是孩子干的”，然后沉默了 3 分钟，这些都被佐藤春夫记录了下来。海舟的歌碑直指“孩子”，大杉也欲言又止地嘟哝道那是“孩子”的行径。虽然时代不同背景也不同，但这两起事件中确实有些共通的东西在暗暗涌动。

第四章，讲述了 1932 年（昭和七年）5 月 15 日被暗杀的犬养毅的故事。犬养毅希望采用自己的满洲事变解决方案，即日本不承认“伪满洲国”，而是通过和中国国民政府之间具有妥协性的直接谈判来解决两国之间的纷争，这一愿景最终却被目光短浅

---

① 士族：明治维新后，日本对旧武士阶层的称呼。

② 歌碑：刻有和歌（日本诗歌）的碑。

③ 私学校：西乡隆盛在征韩之战败北下台后，于 1874 年在鹿儿岛创建的以士族为中心的学校。

的反叛军摧毁了，而这支反叛军是由海军青年将校和陆军士官学校学生们组成的。

回顾日本近现代史，往往是不成熟的“孩子”们由于对现实的义愤和短见而贸然采取了行动，结果导致原本应主宰历史的“大人”尸横遍野，实在令人惊愕。这里所说的“孩子”，根据文意也会明白，它不仅仅是未成年的意思，而是指一种因义愤和短见而引起暗杀、恐怖主义、政变等的存在。

首相滨口雄幸的暗杀（死于1930年11月）、原藏相①井上准之助的暗杀（1932年2月血盟团事件）、藏相高桥是清等人的暗杀（1936年“二二六”事件②）、战后日本社会党委员长浅沼稻次郎的暗杀（1960年10月，凶手是17岁的少年），也都同样大大改变了时代的步伐。本书对这些不再赘述。

因佐高先生的仰慕而名声大噪的哲学家久野收在《宪法的理论》(美铃书房，1969年）一书中一语中的地指出，“不被时势操控而意欲操控时势的政治家几乎无一例外都会被杀害。有思想的政治家几乎都遭受过袭击”。真乃至理名言。

综合井上厦的话来考虑久野的言论就会发现这是十分有意思的。井上厦在东京审判三部曲压轴之作《梦之痴》(集英社，2007年）中，借女主人公之口说道：“日语中没有主语。”而且还声称“主语总是隐藏在不同的时势之下”。也就是说日语中如果

---

① 藏相：是大藏大臣的简称，是日本大藏省（主管财政方面的国家级部门）的首领。

② “二二六事件”：1936年2月26日发生的日本失败兵变。日本帝国陆军的部分“皇道派”青年军官率领千余名士兵对政府及军方高级成员中的“统制派”意识形态对手与反对者进行刺杀，最终政变遭到扑灭，直接参与者多被处以死刑。

有主语的话那就是“时势”。结合久野的言论来考虑，能产生一种隐约的暗示，指在日语中，或者在日本，如果政治家意图创出一个世界将万能主语“时势”从主语上赶下来，冠以更加明确而全新的主语的话，他将会被暗杀。

被恐怖主义暗杀的政治家，实际上多是在倡导经济方面的国际主义、外交方面的合作主义、内政方面的议会主义。重视国际合作和议会的姿态，在非当事人看来，容易给人妥协和屈服的印象。回想一下去年发生在钓鱼岛的中国渔船冲突事件时的社会舆论就会明白，多数国民的反华情绪很容易被点燃。在排外主义者看来，倡导国际合作的人会被视作向中国发送了错误信号；打开和中国谈判通道的人会被指责向中国屈服了。

如今美国在世界经济中独占鳌头的时代已经结束，很多国家和地区正在发生剧烈的变化。显而易见，亚洲是其中变化规模和程度最大的地区。

对于日本和亚洲其他国家来说，今后的一百年是否能和平繁荣，取决于日本对中国的态度，当然同样也取决于中国对日本的态度。在这样的大形势下，手持能扭转乾坤武器的政治家希望不再发生自己被“孩子”们暗杀的事件。我写此书是为了祈祷社会上不要孕育出这样的“孩子”来。由于我的愿望至烈、恐惧至深，如果此次对话变得冗长沉重，还请海涵宽容。

另外，本书中会出现与当今世界观点不符的表达。那是为了正确传达出当时史料中的用语或者当时的意识，望知悉见谅。

序章

如何看待世界？

面对历史要转动眼球

试问日本人的历史观

佐高：我读过您的《尽管如此，日本人还是选择了“战争”》（朝日出版社，2009年）这本书。鹤见俊辅先生也曾写道：“真的让人眼前一亮，十分有意思，没想到能写出这种书来！”（2009年10月26日京都新闻）您这本书以战争为轴线，对近现代史进行了十分有趣的解读，令人敬佩。

加藤：谢谢，但是实际上鹤见先生后来还说了一句：“会有很多日本人去读这本书吗？”（笑）的确，我本人最为吃惊的是，这么多人读了这本书。

佐高：加藤女士您凭借这本书获得了小林秀雄奖，所以销量越来越好，据说现在发行量马上就要达到22万部了，对吧？你有没有觉得身边的景色都为之一变了呢？

加藤：以前从来没有联系过的出版社也发来了很多约稿邀请。这一点的确变化很大。

佐高：这就是所谓的“为之一变”呀。（笑）好像《无仁义的战争》的剧作家笠原和夫在报纸专栏上表示过喜欢您这本书，他觉得您不像东京大学的教授。我从读您的书开始，就想着一定要见见您请教一番。

加藤：佐高先生您写了很多书，我不能说全部都读了，但是还是读了很多，您的书对待问题直言不讳，视角新颖，十分吸引人。现在我被您问问题，稍微有些不安啊。

佐高：不不，我并不是都要跟您辩论的，请放心吧。(笑)

加藤：我过去写的东西，主要是面向中老年人群的。但是这本书的素材实际上来自以初高中生为对象、以战争为主题而开设的近现代史课程的内容，是为了一边与年轻人讨论，一边传授他们思考近现代史方法而写的。我想也许是因为读者可以从一旁窥视这种师生之间的互动，发现其中的乐趣，这本书才得以被广泛阅读的吧。

佐高：加藤女士您在这本书里想要做的是，多提供些“思考的启发”，而不是用某一个视角来断言历史。方法是把各种不同的视点作为观察对象，并以此为基础，让大家自己来思考战争到底是什么。

一般情况下在要解释的地方，我们明明会积极考虑如何展示自己的独特性，如何提出与众不同的看法，但是我们却要说利用对方的论点来反对对方。这或许很奇怪，但是我想，先做好思考的准备，最后再让读者来思考的方法真是有趣。

加藤：我之所以厚着脸皮接受佐高先生您的邀请出版这本对话录，是觉得可以通过您柔和的视点和我本身养成的历史观相互融合，擦出更多的火花来。

比如，佐高先生您的《西乡隆盛传说》(角川学艺出版，2007 年）的开头，讲述了在西南战争是庄内町①两个走散的少年

① 庄内町：位于日本山形县东田川郡庄内地区中部。

藩士[1]的故事。西乡军并不全是由出身九州一带的人组成，里面还有从远方的山形县来的少年，这一点并不为人所熟知。之后，它成了老人们熟悉的《西乡南洲遗训》中的故事，也被安刚正笃提到过，过去和现在、明治和昭和，真是完美地同步在了一起。

或者即便是《福泽谕吉传说》(角川文艺出版，2008 年)，也不会把福泽的言论当成史料来研究，而是把目光放在与他有关系的人身上。从与他有关的人着手论述，着眼于不同于历史学家的角度，全新的一面就会被呈现出来。

实际上您这种对待历史的看法非常重要，连接人与人之间的那个柔和的构想，会让思考变得更加具有弹性。特别对现在的年轻人来说，这种观点可供借鉴。

佐高：不不，我对历史完全是个外行，只不过写写自己感兴趣的东西。我说了一些胡话，加藤女士您在这本书里又重新给我梳理了一番而已（笑），并且还从中抓住了多角度看待历史、进而看清世界的线索。

避开伤感和断言，重新审视战争

佐高：《尽管如此，日本人还是选择了“战争”》这本书的题

---

① 藩士：藩（大名的领地或其统治机关的总称）的武士，相当于诸侯的家臣。

目就很刺激。对于动不动就想把责任推在别人身上的日本人来说，这是一个会让他们有刺痛感的命题。

加藤：是的，我是有这个意思。无论你是否愿意，太平洋战争最终还是成为了全体日本人都被迫参加的总体战①。因为不管怎样，接受征兵检查的壮丁（年满 20 岁的男子）中 79%都应征入伍了。尽管如此，在同时代人的意识中，都认为自己被欺骗了，是战争的牺牲品。这里会有人问，作为一种国民情感，这种意识为什么深刻地烙印在他们的心中？

作为一个历史学家，我经常会被问到"那场战争到底是什么？"不过在某种意义上，我不想面对这种没有责任的问法。明明众所周知做出决定的是当权者，女性根本没有选举权，但是竟然还是以全体日本人为主语去判断为什么选择了战争，并且以全体日本人为"个体"去判断为什么当事人的意识如此稀薄。我想避开去断定根源，倒是想向读者们问问这些。

佐高：但是这样的话会被非难的吧？

加藤：是的，我受到过很多批评，比如"还是个东京大学的老师呢，真没有伦理道德""为什么对那些在战争中故去的人说这么过分的话"之类的。我根本没有打算写一些违背伦理道德的东西，只是排除了多愁善感的主观情感，把客观事实讲出来而已，可能正是这些引起了左右两派的反感吧。

佐高：我可是一直都受到那些人的厌恶和反感，所以很清楚

① 总体战：日本称总力战或国家总力战，指不仅依靠军事力量，还要动员国家的人、资源、生产力等一切力量而进行的战争。该概念在第一次世界大战以后被固定下来。

这些非难。换句话说，假定伦理观念是一个规则秩序，我们成了扰乱这种规则秩序的存在。

扰乱规则秩序，一般都是像作家或者新闻记者这样单枪匹马的人干的事。只不过您这位东京大学教授、象牙塔里的老师也想干，而且您还是位从来没有体验过战争的女性。我本人非常崇拜女性，丝毫没有歧视的意思，不过现在仍有些人认为女性根本不了解战争。

加藤：或许也有这种情况，特别是那些对国粹主义敏感的人，他们对我非常气愤。还有很多保守的现实主义者们，经常批评我是一个不谙世事的学者，说我什么都不懂。

佐高：要说没有战争体验，我也没有经历过战争。我是在战争结束 7 个月前出生的，这 7 个月可说不上是什么战争体验。

不主动去了解历史的孩子们

佐高：是什么契机让本来在大学教书的加藤女士您开始想对中学生讲解近现代史的呢？

加藤：我小时候，每晚睡觉时都梦想着，早上一觉醒来在金字塔里就好了。真心希望能穿越时空，到处游览，去采访生活在那个时代的人。比如，为什么必须把国王制成木乃伊放入巨大的金字塔？理由肯定远不止一个，肯定有各种原因在共同作用。我想按下暂停键，去深入探究其中的来龙去脉，把原来的场景再现出来。

但是，现在的中学生，把精力都浪费在了朋友关系和家族关系上，还忙于社团活动，对他们来说，根本不会去聆听历史，即使它是有趣的。告诉他们了解历史有利于将来步入社会，这是行不通的。我要让他们知道历史不是对“将来”有趣，而是对“现在”有趣。

这样一来，只有真正痴迷历史的人才会在年轻人身边告诉他们，如何思考历史问题，如何转动自己的眼球。在当下连教育都越来越有差距的高速发展时期，经常有人说了解世界和日本过去的历史，对将来海外工作很有用。不过这样劝说的方式往往引来冷淡的回应：“我不用去海外工作，没有必要了解。”

佐高：有那么冷淡吗？

加藤：中学生们的成绩每天都是被细致入微地分析评价然后再被反馈回来的，所以当他们踏入社会的时候，根本就不了解自己。因此他们也无法描绘出大胆且具有突破性的未来。其中大半的责任都在成人社会里。

这个无法给孩子们学习历史的动力的时代，仔细想一想，真令人害怕。

在写《尽管如此，日本人还是选择了“战争”》这本书的过程中，来上我课的荣光学校的学生在课堂上的反应像是一个奇迹，我到现在都还觉得特别意外。我十分敬畏他们这些学生、荣光学校的老师们以及把他们带到这个世上并养育他们的父母。也就是说，为了少数人开展的课程尝试，我有幸获得了这么广泛的读者群，真的十分荣幸，同时看到这产生良好化学反应的结果，我自己也非常吃惊。

佐高：原来如此。

加藤：在 OECD（经济共同开发机构）开发实施的 PISA（学习完成度调查）中，也有人关注使用资料来进行理性解释的能力，有关这种能力的消沉在日本十分明显，也变成了一个话题。

要培养使用资料来进行理性解释的能力，学习历史是再适合不过的了。我不想让您理解成功利主义的言论，但是历史这种东西，在“现在”是有用的，也很有趣。所以我希望人们可以倾尽各种方法来使用《尽管如此，日本人还是选择了“战争”》这本书。

发人深思的力量

佐高：死记硬背只会知道历史的“结果”，完全会丢掉人物内心的思想斗争，不会意识到未成年的年轻人和孩子们也承担着历史的责任。

加藤：是的，比如佐高先生您的《西乡隆盛传说》的开头描述了在西南战争中死去的庄内町两个藩士，他们享年分别是 20 和 18 岁。在西南战争中死去的少年里，还有很多更年轻的士族，只有十四五岁。

众所周知，西南战争是摩萨士族引起的叛乱，败于政府军的西乡在城山自杀了。但是又有多少人会想起在跟随西乡的人中有一群年轻的少年士族呢？放到现在就是初中、高中和大学生在反抗政府军。当然他们有些是过了成人礼的武士，有些是超过了编入少年组年纪的商人、农民。

佐高：在南洲墓地的入口处有一块胜海舟的歌碑，上面刻着：

衣衫尚湿必相干，蒙受胁迫不申冤，听凭孩子奔战事，屈做贼臣甚可怜。

胜海舟的意思是，跟随西乡的与其说是少年不如说是孩子。

加藤：胜海舟总是这么有趣。他表达的“孩子”这一视角是十分重要的。并不单单指他们的年龄，还包含有鲁莽、不顾后果的意思。如果只是单纯从表面来看历史结果，就会觉得都是些大人们能进行合理判断的足迹、大人们胜利的轨迹。但是实际上，无论任何时候推动历史更迭的都是孩子、是年轻人。的确称得上“扭转乾坤”。这些孩子在想些什么？为什么要赌上自己的性命去战斗？如果从这些角度来看西南战争，真的很有意思。

佐高：俗话说“历史都是由胜者书写的”。历史真正有意思的地方不是掌权者叙说的历史，而是阳光无法照到的东西。我自己真正感兴趣的是这一部分。

比如，我为什么要写西乡隆盛？

西乡既是历史的胜利者，又是个失败者。他是幕末维新时期萨摩的中流砥柱，凭借和有名的胜海舟的一番谈话，兵不血刃打开了江户城。他还是明治政府的重要官员。我对这样站在胜利者角度书写的西乡并不太感兴趣，反而对辞去官职不拘泥于地位和名誉、谋划反抗新政府、最终葬送于历史舞台的西乡更感兴趣。

另外，其中的脉络也是有趣的，可以从中看到庄内藩士和萨摩的关系，也能明白《西乡南洲遗训》的内容。

加藤：如果一一去认识这些关联性，那么对历史的理解就会变得丰富多彩。

佐高：谈起底层的声音，从《西乡星》里的趣闻轶事中，倒是能看出市井人对西乡的看法。

加藤：是的，1877 年（明治十年），西南战争爆发，火星极度接近地球，从 8 月开始就在东方天空中大放光芒。甚至有传言说，在那颗闪耀的星星上看见了身穿大典礼服骑着高头骏马高举“新政厚德”旗帜的西乡。西乡应该死在了城山，但是老百姓还希望他活着，这种期待成就了西乡传说,《西乡星》的彩色版画也因此得以大量发售。西乡真的很受欢迎。

以《流行星奇谈》为题的彩色版画，描绘了人们拼命叩拜西乡星的情形。有哪些人在叩拜呢？上面刻着“老板娘、妾、妓女、商人、工匠、艺伎、农民、士族、演员和尚未出嫁的女孩”，没有政府官员、军人、神官等，也没有当时的达官权贵。

佐高：的确，百姓们称赞、叩拜、爱戴的是和政府权力抗争的叛军大将西乡。

加藤：西乡在下台前的留守政府（意思是岩仓使团负责留守期间事宜的政府）时期，一手掌管着近卫兵的军事指挥权，即使在太政官[1]里，也和板垣退助共同掌管着政治大权。不过，最终还是在和木户孝允、大久保利通等内治派[2]的政治斗争中败北下野了。即使没有西南战争，西乡还是会败退。但正是因为他是失败的一方，所以才受到了老百姓的爱戴。

挑逗人民心理的机制

加藤：那是个九一八事变、日中战争（即抗日战争）、太平洋战争不断突进的时代，但是我们很容易就会想到那也是个整日面对战争、只有黑暗和痛苦的时代，哪怕只有一点点光明和希望，人们还是在努力寻找着。

比如，日本修改了用纳税额来限制选举权的选举法，并赋予年满 25 岁的男子选举权，所谓的一般选举法虽然在 1925 年（大正十四年）就成立了，但是女性还是全都没有选举权。20 世纪 20 年代虽然发起过妇女参政运动，但是 30 年代之后，对外战争已成为常态，哪里还有人去关注妇女参政运动？

但是，1933 年左右，像国防妇人会这样的组织开始迅速蔓延开来，加入这样的组织，需要在和服外面罩上一个白色的围裙。

---

① 太政官：是日本旧设的机关。相当于中国隋唐的尚书省，或元明的中书省，自大宝律令施行后，就是日本朝廷中最上位的机关。

② 内治派：指明治初期比起侵略朝鲜（韩国）来，更倾向于先治理国内政治的一类人，与“征韩论”相对。

因为这样就隐藏了地域内的阶级差别，成为了社会的一分子。农村妇女、城市的艺伎以及咖啡店的女服务员，只要罩上围裙，就可以去一些公开的场所了，比如去车站为士兵送行、奉茶打杂等。

她们当时会意识到战争是去杀人，是黑暗又沉重的事情吗？我想绝对不能这样说。她们摇着日之丸①，说着“你们一路平安，为了日本要加油啊”，目送士兵们离开，并把这些看成了有前途、有光明的事情。

藤井忠俊先生写过《国防妇人会》(岩波新书，1985 年)，说战争才把女性组织了起来，非常有意思。人们经常说，所谓战争，就是一部分拥有权力的人在胡作非为，而沉默的普通大众不能发表任何言论却被迫去了战场，真是这样吗？

事实上，通过挑逗善良沉默的人民的心理来提高全体日本人的斗志，这种做法随处可见。国民们或许都没有想过可能会被美好的许诺迷惑，就参与了战争。

战争结束时，在中国东三省的日本平民高达 150 万人，这些人为什么移居至此呢？不可能国家只是挥了挥国旗，就让这么多人越过海峡和边境吧？

难道没有将移民送出去的社会机制和有说服力的理论吗？动动脑子想一下，在现代社会里好像也有类似的机制。

佐高：很多人深信地价会持续上涨，但是却出现泡沫了。还有很多人因为小泉纯一郎、竹中平藏等人主导的经济战略而绊了

① 日之丸：日本国旗的代名词。

跟头。这些也是取信于人民、趁势恢复经济的机制吧。

加藤：因此，如果有全方位掌握事物的眼光，我们就能够“先等一下，去设想在这之前会发生什么”，就能够停下脚步去思考。这个时候，我们应该能想起过去发生过的事情。

我发现，对于好听的话，我们非常渴望去认清它是否值得信赖并寄予厚望。

一元价值观的危险性

佐高：我觉得一元而武断的见解是危险的。

比如，只要牵扯到金钱问题，即便是小泽一郎，大家也会迅速抱成一团对他进行攻击。我们对“金钱=罪恶”这一检察机关和媒体的逻辑毫不怀疑，大家都持一边倒式的批判态度，于是形成了舆论，我从中感到了极度的危险。

加藤：小泽先生或许的确在选举资金方面存在问题，但是我认为他在宪法第九条的问题以及冲绳的美军基地的必要性的立场上是没有问题的。据说七八成国民的意见是换掉小泽，但是只是在金钱、政治资金这一点上来裁决，也太过于武断了。因为所谓的民主主义，是在不断地选择更加轻微的恶果。

佐高：我完全有同感。我经常评价政治家为“正直的老鹰”和“卑鄙的鸽子”之类。正直的印象，非常受国民的欢迎，要是个“正直的鸽子”就好了，不过这基本上是濒临绝迹的。

如果要问“正直的老鹰”和“卑鄙的鸽子”哪个更好，很多人会选“正直的老鹰”。小泉纯一郎就是一个典型的“正直的老鹰”，所以很受欢迎。但是我认为，比起“正直的老鹰”，“卑鄙的鸽子”更能胜任政治家的角色。

检察机关为什么想在小泽的金钱问题上找他的麻烦？媒体为什么像取下魔鬼的头那样非常得意地围攻小泽说他不正直？其中肯定有些机制让民众的目光不要分散到别处去。为此，媒体和检察机关对准小泽是否正直这一点猛烈攻击，其论调和做法，应该算得上“正直的法西斯主义”。我们对这种单纯浅显而武断的做法表示赞同，这是非常糟糕的。

加藤：现在博客、推特等网站上，可以随意匿名发表意见了。互联网社会有可以将人联系起来、打开世界大门的好处，但同时也有容易使人随声附和、放大莫名危机感的缺点。在故意散布的谣言中，我们无法追查哪个是真相，哪个是谣言。

还有，国与国之间的紧张关系，以及各自国家内部人民之间的紧张关系，都以同样的速度在扩张。比如，在日不允许有特权的市民会（在特会）① 中一部分人，便在网上像在大街上游行演讲一样大声疾呼。这种排外主义性质的运动，在某种意义上，变得和明目张胆在大街上游行没有了差别。

这并不只限于日本，在中国同样也能看到反日运动。说起恐怖主义，也许看似跟现在和平的日本没有关系，但是我认为煽动性地排挤他人的看法和意见的姿态中，蕴含着向恐怖活动发展的

① 在日不允许有特权的市民会：日本极右团体，以极端排斥外国人为宗旨。

危险性。所谓信奉思想信条式自由的社会，可以说是个可以在街头将自己的思想信条讲出来而不用担心给自身带来或公或私伤害的社会。这是俄罗斯女记者安娜·鲍莉加夫斯卡娅（Anna Politkovskaya）曾经说过的言论。她因对车臣进行过公平的报道触犯了当局，最终被“歹徒”杀害了（实际是被暗杀了吧）。

在俄罗斯没有言论自由，但是也不能断言说在日本就有，这种看法难道不是越来越明显吗？

佐高：任何话都可以反着说。我认为这是一种一开始猜疑，然后误入狭隘世界的状态。不想去看事物的另一面，随便胡乱认为这一面才是正确的，这种自私自利的机会主义，是没有从多方面考虑事情引起的。

人为什么会被某种武断的法西斯主义吸引？本书想通过回顾各种战争中的事例来作出解答。

大逆事件 100 年后的现状

佐高：1910 年，政府听说以幸德秋水为首的社会主义者计划暗杀明治天皇，就将幸德秋水逮捕定罪。这件事是“捏造”的，但是根本没有人向把幸德秋水他们处以死刑的检察机关问责。

现在的检察机关依旧继承着这样的品质。从足利事件的菅家利和先生、曾任厚生劳动省[①]局长的村木厚子先生等冤案来看，日本检察机关绝对不是一个坚守正义的组织，这是众所周知的事实。

加藤：大逆事件假装对恐怖主义防患于未然，其实就是法西斯主义。为什么会发生冤案？特别是在非常关注检察机关的当下，更有必要重新回过头来好好想一想。

佐高：我经常会问，幸德秋水和大杉荣，你更青睐谁？我自己是偏向幸德这一方的，但是总觉得周围人的看法对大杉荣更有利。我敬畏的朋友田中伸尚虽然那样写过大逆事件，但是他也是偏袒大杉的。

加藤：嗯……真是个难题。从男女关系这个立场来看，我不想让这两个人中的任何一人成为自己的丈夫。幸德秋水擅长写文章，他的文章催人泪下。我觉得在这个意义上，也能明白佐高先生您选择的肯定是幸德。

但是，最近大杉荣备受关注。为什么呢？因为大杉荣受到了政府非同寻常的关注。

在被美国占领军接管、后又还给日本的数量巨大的微型胶卷库中发现有战争前期内务省[②]保安特高科的史料，另外，1927 年左右曾任内务省警保局长的山冈万之助的史料捐赠给了学习院大学收藏。在这些史料中，大杉荣和伊藤野枝的名字赫然在列。

---

① 厚生劳动省：日本的行政机关之一，相当于中国的人力资源和社会保障部、卫计委。

② 内务省：日本二战前的中央官厅，设置于 1873 年，1928 年在全国实施特别高等警察（特高）制度，用治安维持法来镇压工人的运动和言论。

二人虽然与甘粕事件无关，但都躲不开被杀的命运。大杉荣真让人可怜。

但是，不得不佩服幸德秋水写的文章，总能给年轻人希望。他自己终日被政府盯着，不自由，却常常教导觉悟不高的青年们应该对人生满怀光明和希望。比如，他在日俄战争时的反战言论中，向对战争丧失热情的青年们呼吁：愉快光明的人生在等着你们，你们不要这样虚度人生啊。从这一点来宣扬反战言论也真是有趣。

我们大人要向年轻人说什么的时候，容易不由自主地说："这个世界有很多困苦……"但是大人们必须对年轻人说："人生很光明，很有趣。"我觉得必须学习秋水这种精神上的活力。

第一章

政治与正义

原敬和小泽一郎的“觉悟”

被杀害的政治家

佐高：我在《平民宰相——原敬传说》（角川学艺出版，2010年）这本书中写过原敬，加藤女士您对这位名叫原敬的政治家怎么看？一般都会说印象不好吧？

加藤：嗯……在一个精通明治到大正时代脉搏的历史专家看来，对原敬作为政治家的评价都比较高。

但是，从普遍印象来说，他和山县有朋交恶掌管了政权，对民众期望的普选漠不关心，不惜用金钱玩弄政治，简直是声誉扫地。甚至还听说，在普选运动热火朝天的1920年（大正九年）2月7万人大游行的时候，他还在腰越①的别墅里游玩呢。

佐高：的确令人印象深刻。

以前，福岛瑞穗曾经在NHK（日本放送协会）的历史节目里气汹汹地说："原敬是个卑鄙的政治家。和绰号是宪政神的尾崎行雄正好相反。"我自己在查阅写作素材的时候，也曾稍稍犹豫过，他真的是个值得拥护的政治家吗？

这时，我读到了我的恩师久野收的回答，迷惑顿时烟消云散了。

---

① 腰越：位于日本神奈川县镰仓市。

不被时势操控而意欲操控时势的政治家几乎无一例外都会被杀害。有思想的政治家几乎都遭受过袭击。(《向着民主主义的原理造反》，载自《宪法的理论》，美铃书房，1969 年)

久野老师的看法是，原敬上台后，军队引起的法西斯主义在一定程度上得以遏制。然后他担忧道：

杀手杀死原敬，是为军事当局在 10 年后的满洲事变之后独断专行的战争开辟道路。(同前)

的确如此，那些想要改变时势、锐意改革的政治家往往会被杀害。虽然暗杀并不好，但是现在有政治家认为自己会被人暗杀吗？

我被久野老师的话触动，所以想沉下心来写写原敬，并决定在《平民宰相——原敬传说》正文的末尾处引用老师这段话来收尾。

加藤：原敬现在的确是个受久野收先生、佐高先生你们这些内行人青睐的政治家。

佐高先生您也在《平民宰相——原敬传说》结尾处提到过，在研究者中有位三古太一郎老师，这个人确实参与制作过《原敬日记》的索引，非常细致地读过整本日记，还写过《日本政党政治的形成——原敬的政治指导的展开》[东京大学出版会（1967 年增补版），1995 年]。

另外，也有人写过着眼点很好的书，比如季武嘉也老师的《违反选举的历史》(吉川弘文馆，2007 年)，他还出版过像《原敬——日本政党政治的原点》（山川出版社，2010 年）这样的小册子。

可以说在原敬的研究者当中也有非常内行的人。

佐高：而我仅仅对原敬这个人物感兴趣，仅仅想重新凝视他“为什么被暗杀”这件事，完全称不上什么内行人。

不过您知道，小泽一郎和原敬都是岩手县出身，他非常尊敬原敬。原敬与藩阀政治对抗想要确立政党政治的时候，其阻碍是军事当局和检察机关。在军事当局，当权的代表山县有朋影响力很强大。原敬研究过陪藩制，所以对检察机关来说，这威胁到了自己集团的权益。

这种构造与现在小泽想拼命改变的势力，的确存在着呼应关系。这一点也是我现在要重新追溯原敬被暗杀这件事的用意所在。

能操控时势吗？

加藤：佐高先生您从“暗杀”这一点来关注原敬，实在是明察秋毫啊。因为以原敬被暗杀为轴线来研究，很多社会情况就会浮现出来。

方才我说过一般人对原敬的印象并不好，比如在听到原敬被暗杀的消息之后，岩波书店的创始人岩波茂雄先生在他的女婿岩波书店原会长小林勇先生的回忆录（《惜栎庄主人——岩波茂雄传》，岩波书店，1963 年）中，说过“杀得好”之类的话。

佐高：自由出版人岩波茂雄如此来看待这个事情，实在是令人震惊啊。

加藤：据说刺客中的中冈良一和小林先生，按周岁算是18岁的同龄人，岩波先生对暗杀表示过肯定，曾说过“你就做不出这么伟大的事来吧”之类的话。他也说过讨厌政友会，但是并不认为原敬的刺杀是个意外，或者可以理解为这是有可能发生的。

佐高：马克思经济学者大内兵卫说，日本政治家多是法西斯主义者而自由主义者少得可怜，说来在这少数的人中也就是原敬、犬养毅和战后的石桥湛山明辨事理了。原敬和犬养都被暗杀了。石桥虽然没有被暗杀，但却被列在了刺杀浅沼稻次郎的右翼少年的暗杀名单上。

加藤：用久野先生的话说，被暗杀的政治家是相通的，他们不被时势操控而是想操控时势。

我从“时势”这个词上突然想起了被称为井上厦先生“梦系列”的东京审判三部曲。

在《梦之裂痕》（小学馆，2001年）、《梦之泪》（新朝社，2004年）、《梦之痴》（集英社，2007年）三部曲的最后一部《梦之痴》中，有一部分把日语没有主语当成了问题。井上先生借出场人物中的国语女老师的口说道“主语总是隐藏在不同的时势之下”。也就是说，如果说存在主语的话，那一定就是时势。

能够操控时势，或者拥有制造机遇的能力，好像是作为领袖的一个非常关键的条件。

佐高：鸠山由纪夫和菅直人都是被时势操控而无能为力的政治家。

原敬传说中的大人政治家形象

佐高：原敬那叫作“成熟度”的老练观点，我自愧不如。他24岁的时候在《报知新闻》上班，当时有一篇署名为原敬的文章叫《官民相对论》。原敬在文中写道，企图反叛的人不都是“无赖之徒”，官民连心不仅仅依靠理，而应该在理之中注入情，在情之中注入理。

这是发生大逆事件的30年前，一个25岁左右的年轻人写的文章，真是令人吃惊。

加藤：原敬之后去过外务省①、农商务省②，在外务省还做到了次官，再往后就成了政治家，在20多岁的时候就能看清形势，他确实老成。

我对原敬的印象是他是个“和事佬”。在会场上，面对在野党国民党和宪政会的提问，他回答得极其冷淡，让对方又生气又失望，但在走廊相遇的时候，却又大方地拍着对方的肩膀说“你刚才的提问很好啊”之类的话。

他真是一个擅长拉拢人、颇有些魅力的政治家。

佐高：啊，明白了。记得昭和时期有位名叫大野伴睦的老政治家，他的《大野伴睦回忆录》（弘文堂，1962年）极其有趣。听说这本书基本上是由渡边恒雄写的，渡边是大野的专访记者，

---

① 外务省：日本主管外交关系的中央行政机关，相当于中国的外交部。

② 农商务省：日本明治大正时期的中央官厅之一，主管农林、水产、商业、工业、矿业等产业。

深受信任，后来成了大野的顾问，并以此为契机开始在政界有了影响力。

大野最初是政友会的人，不过根据这本回忆录记载，一到12月，大野就去原敬那里索要“年终礼品”。他想要过年用的年糕钱。每当他说“总裁，年末了”并把手伸过去的时候，原敬都会笑着给他100元纸币。过10天左右他又去拜访原敬说“总裁，年末了”，原敬说着“上次没给你啊”，就又给他100元纸币。年底将近再次去拜访原敬的时候，原敬一边笑着说“今年给大野好几次了吧”，一边又会给他100元纸币。

原敬文雅大方、心怀宽广、有领导风范。他也有改变他人看法确实需要相应的金钱的特点，也可以说有钱好办事。

但是，原敬自身并不是那么善于理财。这点与田中角荣和小泽不同。

加藤：见过很多政治家，有重视部下的人和不重视部下的人，还有提拔部下能力和没有提拔部下能力的人。原敬特别擅长居中来提拔人，看得清部下是什么样的人，怎样任用。

例如，让时任法制局长官、头脑灵活的横田千之助去山县有朋那里；派老道的老政客野田卯太郎慢声细语地去传达关键问题；在加藤高明那里安置冈崎邦辅，也起到了很好的作用；让高桥光威来担任内阁书记官长，相当于现在的官房长官一职。我觉得他很擅长把自己庇护的、真正能够信任的部下分配到各个职位上去。

原敬对与自己为敌的人也能做到亲密无间。在任用自己人这一方面又会怎么样呢？组阁之际，他任命亲信内田康哉做了外务大臣，这是要不得的。内田是个酒鬼，他们经常一起去喝酒。听说原敬和内田都在花柳界很吃香，是大红人。但是我认为原敬选内田的时候看走眼了。

佐高：他们是一种“丑态共同体”的关系，所以彼此的纽带关系是格外牢固的。就算是相互诽谤的共同体，关系也只会愈发紧密吧。一起做蠢事，一起做不可告人的勾当，这种关系会让彼此更加抱成一团。你想把这种关系反映在组阁人事上会怎么样？这点男人的心思有点懂了吧。(笑)

加藤：丑态共同体，的确如此。

佐高：当今政治家用什么人居中调解，这可以看出一个政治家的天赋。鸠山内阁瓦解的最大原因就是让平野博文这样无计可施的人占据着官房长官一职，菅内阁最大的问题是让前原诚司这样不是松下政经塾①的“松下未熟塾”出身的人出任外务大臣一职。

暗杀原敬是“孩子”的行径

加藤：暗杀原敬发生在 1921 年（大正十年）11 月 4 日下午 7 点 25 分的东京站。用匕首刺杀原敬的犯人中冈艮一是大塚站的扳道工，在铁道技师中工资最低，当时是虚岁 19 的“孩子”。

我说的“孩子”，是指大杉荣的表达。是刺杀原敬事件时，

① 松下政经塾：指松下电器产业的创始人松下幸之助于 1979 年设立的政治培训班。

以《秋刀鱼之歌》而闻名的诗人小说家佐藤春夫听大杉自言自语嘟囔出来的。出现在《无聊的读本（下）》(富山房百科文库，1978年）这本书里，题目是《我回忆中的大杉荣》，文中记载着他和大杉的往事。

佐藤春夫为了写长篇小说，曾在名为鹄沼东家的旅馆里逗留过，老友大杉荣正好也在那里，他从大杉那里听说了原敬被暗杀的消息。大杉总是被警察跟踪，有趣的是，大杉带着跟踪自己的警察去了藤泽，并让他们得到了号外。跟踪方和被跟踪方在不觉中产生了交情，这是有可能的。

听说在和佐藤春夫一起看报道的时候，沉默不语的大杉只说了一句“是孩子干的”。

佐高：总之，您说的意思是暗杀原敬事件是由孩子般幼稚武断的冲动引起的吧？

加藤：可以这样理解。许多街谈巷议都在猜测中冈的动机是什么。比如说动机是为日本侨民很轻易地被俄罗斯的游击队宰杀的尼港事件而气愤等等，不过律师的资料可以作为一个参考。

为中冈辩护的律师就是后来担任专修大学校长、十分出名的今村力三郎律师，他是为大逆事件和虎门事件的叛国者辩护过的名人。专修大学还出版过他的辩护资料集，今村律师追踪调查过中冈都看什么样的报纸，报纸上刊登过什么样的新闻。

报纸上有大约200种新闻，而中冈最常看的是贪污案。那时正好是出征西伯利亚的士兵回国的时候，原敬是当时的内务大臣，而曾是移民局长官的古贺廉造时任警保局长，他专卖鸦片受贿所得的钱财用现在的话来说高达几十亿元，原敬率领的政友会使用了这笔钱，在1920年5月的选举中大获全胜。当时报业对此产生了怀疑并作了大肆报道。年轻人看的报纸，连日来都在作这样的报道。

当然想要决意执行暗杀的动机不仅仅是这些，不过年轻人接触这样的报道后会感到气愤也是自然的事。但是，也要考虑是谁在挑唆写这些报道。

佐高：原敬内阁最初是受欢迎的，不过由于对反对普选等民众活动持压制态度，又因贪污渎职一事，迅速受到了舆论的批判。

加藤：古贺这个人，是被原敬派到军事当局的根据地“满洲国”先前阵地关东州去的殖民地官厅文官。在此之前殖民地官厅的长官，是官僚根据文官任用令任命的。但是，原敬修改了任用令，于是政党人士也有资格就任文官了。

如前所述，古贺是原敬的股肱之臣。警保局是包括之后的特高课在内的部门，用报纸法和出版法监管着工人运动和思想运动。古贺“酌情”进行了监管。社会党发生赤旗事件①的时候，他也曾大度地饶恕过挥着红色旗帜游行的活动。赤旗事件是山县有朋对此恼火而成为摧毁西园寺公望内阁契机的事件。

西园寺内阁时期的原敬内务大臣、古贺警保局长体制的自我管束和其前后实施的监管方针是有差别的，我想大杉在某种意义上是明白原敬的想法和能耐的吧。

佐高：哈哈哈，原来如此。这样一来，或许大杉会想到，杀

① 赤旗事件：1908年，在日本农民斗争蜂起，政府镇压社会主义运动的气氛下，荒烟寒村、大杉荣等在街头高举“无政府主义”“无政府”大旗游行，与警察发生冲突，演变为大规模械斗。

害原敬的事是多么草率和幼稚吧。

加藤：是啊，大杉自己也在两年后于1923年关东大地震后的甘粕事件中被杀害，在那时他或许隐约有种预感，原敬被杀之后监管会变得苛刻严厉起来。如果真是这样，我想大杉荣所说的“孩子的行径”是意味深长的。

佐高：加藤女士您的关注点果然很有趣。

藏有迷云的暗杀背后

加藤：暗杀犯中冈艮一之后怎么样了？因为是暗杀了现任总理的恐怖分子，一般情况下，我想当然是死刑吧。但是东京地方检察厅却作出无期徒刑的判决，东京控诉院和大审院也没有改变判决。不仅如此，经过三次大赦，他在1934年（昭和九年）被释放了。而且，在那之后，甚至有消息说他在关东军。只不过暂时还不能确定。

佐高：罪犯虽然是中冈，但是诓骗一个19岁的少年去犯罪，肯定存在幕后主使……

加藤：肯定会让人这样想。原敬消失谁会受益呢？能轻易操纵政治的人又是谁呢？

佐高：捏造大逆事件，撼动以社会主义者为首的思想家是在桂太郎内阁时期。桂太郎是山县有朋的心腹。

原敬在日记中写道，社会主义和无政府主义是一种“流行病”，他向桂太郎谏言，只靠镇压是不行的，因为警察也搞不清楚社会主义和无政府主义的区别，所以应该设置专门负责这件事情的人员，不知道桂太郎是否理解了这些。

加藤：桂太郎自己也能看到其中对立的关系吧。

不过，经验老练的原敬并没有和他当面发生冲突，而是把体谅政党的人用作和军队之间的牵线人。这个人就是田中义一。事实是田中后来成了政友会的总裁。另外，原敬还任用了平沼赳夫议员的祖父（户籍上是父亲，实际上是祖父）和年轻的平沼骐一郎来联络令人棘手的司法机关。政党要在军队和司法机关中有影响力，这种联络是非常重要的。不过经验老到的原敬却遭“孩子”的毒手而死。

佐高：背地里很多人都在议论原敬被暗杀的事。因为没有了原敬这个制动器般的存在，历史就会不断向着法西斯主义前行。

加藤：我认为原敬对思想运动的态度是非常正派的。他的想法是，只是抱有思想而不去犯罪，就不能对这种思想定罪。原敬的眼力在虎门事件后反而被证明是正确的。

虎门事件，发生在关东大地震的1923年（大正十二年），是当时摄政的裕仁皇太子（之后的昭和天皇）在虎门被狙击的事件。罪犯难波大助当时是个23岁的年轻人。他的父亲是众议院议员，这个地方名门之子对应试失败梦想破灭的人生感到绝望，就做出了悖逆国家的事，他在第2年被判了死刑。

为中冈艮一辩护的今村力三郎，也为难波做了辩护。从史料来看，难波多次向今村明确陈述过，不是因为对自己人生的不满才做了这件事。虎门事件往前追溯13年，在大逆事件的时候，明治政府将抱有伤害天皇玉体的思想而没有实施伤害的很多人判了死刑。连不曾参与该事件的幸德秋水都被杀害了。而难波说过，只是想伤害天皇玉体。

原敬明白行为和思想之间是有差别的，对不敬之罪扩大解释是危险的。换言之，监管思想会导致伴有行为的恐怖主义。大人们明白，司法机关的法西斯主义会招来恐怖主义。

实际上，原敬去世后，接连发生了大杉荣被杀的甘粕事件、社会主义者在关东大地震的混乱中被杀的龟户事件，还有虐杀朝鲜人事件等。这些全是以当局的预防性羁押的想法为背景的非法事件。对国家这些做法的愤懑，使难波实施了恐怖活动。

原敬的担心成了现实。

佐高：关于难波的动机，也有看法认为，他对父亲感到愤慨，并用攻击父亲崇敬的皇室的方式来消除这种愤慨。

23 岁，在年龄上算是成人了，但是在精神上不能说是非常成熟的，还是个未成年的“孩子”，他们受到被掌权者意图左右的报道的影响，并因此成了恐怖分子。这种格局，似乎到现代都没有一点变化。

加藤：的确如此啊。

检察机关应该如何存在？

佐高：原敬提防检察机关，想过如何应对司法机关的蛮横暴行。

加藤：司法机关是独立于内阁又独立于议会的存在，司法权是“以天皇的名义”由法院执行的。军人同样也是直接与天皇联系的官员。正因为如此，这种结构才是危险的。原敬出身于东北地区，所以十分排斥萨摩藩和长州藩。但是，敬爱天皇的观念却很深。原敬认为，以天皇之名采取的判决如果不当，民怨就会针对天皇，这是不行的。

比如，像大逆事件这样针对皇室的犯罪中，虽然是大审院①宣布判决，但是这种机制如果出现明显的误判，将会造成国民对国家的反感，甚至是对天皇的反感。原敬想的是一定要避开这些吧。

为此必须让大家明白，司法关乎国民，如果法院有误判，必定会牵连国民的吧。所以，原敬才想着要引进“陪审制”这一制度。

另一方面，原敬对普通选举法案表示冷淡。1919 年，在原敬内阁时期修正的选举法中，他提出缴纳三元国税的条件，这是一种下至中小地主拥有选举权而工人却没有选举权的制度设计。

原敬的立场是，当下国民都已经参与了陪审，普选可以缓一缓。这是三谷太一郎和季武嘉也等政治史研究专家对原敬的理解。

佐高：原来如此。

加藤：原敬把天皇这一职务置于中心位置综合考虑后，构建

---

① 大审院：日本现行宪法施行前的法院，相当于现在的最高法院。

了自己的逻辑。那么在现代社会，为了防止检察机关肆意妄为地走向法西斯统治，应该以什么为根本呢？如今的时代保持天皇论的中心地位是很难的吧？我想如何引用原敬的逻辑，今后会成为一个关键。

佐高：说到原敬这个人，我觉得他不是一个只去追逐理想的政治家，也并非一直贯彻着现实主义，而是采取了平衡的方式。他是一个思考如何将现实接近理想，并进行实践的政治家。

小泽一郎的“理想与现实”

加藤：在岩手县盛冈市的原敬纪念馆，展览着原敬被暗杀时穿的衣服。衬衫的领子是白色的，前后身是白色和深红色的条纹，看上去很是讲究。

佐高：即使从男人的角度来看，我也觉得他是位美男子，原敬和不忠贞的原配妻子离婚了。妻子怀了其他男人的孩子。一想到连原敬都会遭受家庭的不幸，我感觉有点亲近了。（笑）

之后，他和同乡贫农的女儿、从事艺人工作的浅子再婚了。虽说与浅子结婚了，但我一直拒绝承认她是原敬的夫人。原敬的母亲还出面解释了一番。

加藤：这位妻子，在收到暗杀消息的时候态度坚决，是个出色且性格坚强的人呢。

佐高：盛冈的大慈寺并排立着原敬和妻子浅子的墓碑。在人殓原敬的时候浅子说，会好好记住墓葬的深度。于是在埋葬自己的时候，她提醒别人要特别注意，自己的墓不要比丈夫的墓浅，要呈现出不俯视丈夫，而是正好和“老公”交谈的姿态。

而且，担任书记长官和官房长官的高桥光威的墓地，在距离他们150米的地方。高桥光威的墓朝向原敬墓碑的方向，表示即使死了也要守在原敬的身边。

加藤：说起来，小泽在进入众议院总选举之前还回乡拜谒过原敬的墓地表明过决心吧？

佐高：是的。据说小泽一郎在2009年8月去拜谒原敬墓地时这么说：

> （现在）和战前的昭和时期相似。在此也向大前辈表明心中的决心。虽然不知道真正推进大改革会遭遇什么，但是我会为日本的政治而奋斗拼搏，直到像故乡的大政治家原敬先生您一样死在愚蠢之人的手里。我自己也想继承先生您的遗志。（《民主党政权》，每日新闻政治部，每日新闻社，2009年）

我们能清晰地感觉到，在小泽身上有模仿并继承原敬的东西存在。

加藤：我觉得，小泽如果有面向家庭主妇和年轻充满正义感的女性的演说能力，世人对小泽的看法会有很大的变化吧。

我想，通过网络视频交流也是一种方法，他还需要下功夫不引起女性的抗拒感。

佐高：比如像原敬那样稍微重视下仪表？（笑）

加藤：是啊，形象也很重要啊。(笑)

佐高先生您的《平民宰相——原敬传说》中，关于小选举区制度，也包含小泽的证言等，我对此特别感兴趣。

小选举区为什么好？小泽说，它会把“你选择哪个政党”这个问题摆在人们面前，让他们去规矩地“决定”和“选择”。如果是中选举区，每个选举区都可以选出很多人，有权力的人在哪个选举区都能吃得开。而小选举区则并非如此，你要选择谁，选择了谁，都会摆在你的面前。

我第一次看到，内部达成一致的社会已经行不通了，必须形成向外部开放的政权，以及结合小选举区制度的人。开放进取、外部政权的轮番上演，和饱受批评的小选举区制度交织在一起，其实是很有意思的。因为所谓小选举区制度看起来是朝向内部的。

佐高：小泽的确像加藤您说的那样格外开放。

我们经常这么说，但是记者团属于只有大型媒体才有的特权领域，是不予开放的。不过小泽继承了来自冈田代表时期的开放，外国的特派员和自由记者可以自由出入。不过却摧毁了大型报业的阵地，这是他们批判小泽的一个间接原因。在外国特派员看来，小泽是开放的，而在普通的日本人看来却并不是如此。

加藤：原敬说，必须实行小选举区制度，一方面是为了赢得大选，另一方面还为了防止小党派分立。当时，元老山县有朋想要实行小党派分立，因为实行小党派分立可以防止联合。山县企图通过背后运作实现三大党鼎立、小党派分立的局面。

总之，打破小党派分立对于原敬来说是反对山县的。他把反藩阀、反元老和小选举区制度很好地联系在一起。当时，犬养毅和加藤高明说有太多废票而对此表示反抗。

追加一位学者的观点，方才的季武嘉也在《违反选举的历史》中写到，能够波及全国的大政党有两个，他们让自己的党员四处参加竞选，才导致有这么多的废票。当时还没有在全国各地的选举区都有自己党员的大政党，也就自然存在“地域密集型”的领主当选的情况。

政友会和宪政会，当时都不能把党员推举到全选举区去。于是领主就被召集到了帝国议会。原敬也说这很有意思。

佐高：现在的民主党基本上都是小选举区政党。小泽、鸠山、菅、冈田都是小选举区制度的倡导者，而自民党的人都是中选举区派。

我是反对小选举区的，在 1996 年写了《再见了菅直人》。之后，《周刊东洋经济》举办了座谈会，我对当时还在自民党的田中秀征说，“再去联合其他两位自民党的中坚骨干!”他联合的是武村正义和小泉纯一郎。

所以小泉应该是反对小选举区的。为什么这么说呢？因为他说小选举区制度会让总裁和秘书长变得独裁。那么实行小选举区制度后怎么样了呢？他自己变得独裁了。

加藤：的确如此。历史循环往复，人也跟着变了。

现如今，不论是修改小选举区制度，还是恢复中选举区制度，都可以进一步讨论。

第二章

征兵与『不幸的均沾』

大家都一样处在不幸的社会里

征兵和志愿军

佐高：加藤女士您在《征兵制和近代日本》(吉川弘文馆，1996年）这本书中提到，参加第二次世界大战的美国士兵有四成是志愿军。所谓志愿就是以自己的意愿参加反抗法西斯主义的战争。

在日本，人们并不会被这样的思想触动，大多数士兵是因为义务而不得不参战的，这有很大的区别。

加藤：也有数据显示，美国参加第二次世界大战的人有1600万，其中志愿参加的人占到38.8%，被征兵的人占到61.2%。可见资料不同数据也是不一样的。

在日本，如果逃避征兵逃跑了，家庭就会受到牵连，家人会被全村人排斥，因此他们表面上都会说“做有利于国家的事是光荣的”。然而，他们感到的不是喜悦——终于年满20岁了，可以为国效力了——而是有一种被迫参军的强烈心情。

佐高：志愿和征兵，其斗志和战斗动机自然也是不同的。但是，美国人志愿服兵役在经济上能够得到保障，所以吸引了很多贫困人群吧。

加藤：是的。例如，在伊拉克和阿富汗，大多数身处危险的美军都被称为“贫穷白人”(poor white)。参军不仅让他们在生活和收入上得到保障，而且退伍后去上大学也有很大的优势。不可否认，他们冒着生命危险服兵役，可以获得经济上的利益。

但是，追溯到第一次世界大战时期，人们高呼的是战争的大义，诸如“这是一场为了这个世界上消除战争的战争”“这是一场解放人类于法西斯恐怖的战争”等等，于是那场战争就成了让年轻人振奋不已、精神痴迷的存在。

参加战争必须是志愿的这种氛围，产生于贵族中，也就是所谓的“地位高就责任重”（noblesse oblige），他们有强烈的想法，认为正因为自己是特权阶级，所以更应该履行更高的义务。因此，第一次世界大战时欧洲的上流阶级的战死率远远高于平民。即便是现在也依然如此，就连英国王子都要去志愿服兵役。

即使在美国，第二次世界大战时期，约翰·F. 肯尼迪（John·F. Kennedy）也志愿在南太平洋战场上担任过海军中尉。美国大多数上流阶级是新教徒，而肯尼迪家族则不同，是天主教徒，所以格外有一种使命感。

佐高：在一直沿用征兵制的日本，就不太有这样的使命感。

日本不赔罪的心情及背景

佐高：加藤女士您在《征兵制和近代日本》这本书的序言中写道：

大冈升平在《莱特战记》(中央公论社，1971年) 中这样写道：“近代国家一般必须依靠由国民组成的军队。但是，国民除了为了国家利益之外，也有追求个人利益和家庭幸福的权利。所以，当国家无法保证士兵的参战条件时，军队就不得不下令投降。”战败前一年战死的人数占到了太平洋战争全部战死人数的相当大一部分，每当想到此种情况，我就深有感触。战败50年后，日本仍然不承认太平洋战争和日中战争是侵略战争，仍然不肯赔罪，其主要原因可以说也在于此。

日本人不承认战争责任，恐怕很大程度上在于自己作为战败方在战后悲惨的景象和征兵制这个体系吧。他们有一种强烈的意识，觉得战争不是以自己的意愿参加的，而是被征兵拉去的。

加藤：1992—1993年我在美国的时候，经常被一个要好的美国朋友问道：“德国很好地承担了战后责任，为什么日本不肯承担?”每当此时，我都被问得哑口无言，不知如何作答。

是因为日本这个近代国家在战前民主化进程中失败了吧，或者没有想过像德国那样东西分裂后如何在冷战中求生存吧。我不想这样单纯地将日本和德国进行比较来作出歪曲日本的回答。

我认为日本不肯痛快地道歉的一个原因是在战败前一年半，国民遭受到了惨重的打击。

另外一个原因就是国民非常想不通征兵入伍会危及性命，也很气愤它的不合理性。自己并不是生来就是为了杀人的。他们后悔父亲、哥哥和儿子因被拉上战场而死掉。这种强烈的想法和其他国家大不相同。

因此，我想尽可能公平、历史性地搞明白明治以来征兵制度下日本人经历的岁月和背景。探明这一点，我想就可以解释日本人不肯道歉的心情了。

佐高：也就是说，这是从美国的角度来看日本和德国的不同。我虽然写了很多关于日本公司方面的东西，但是总觉得凡是涉及侵略、强制劳动的企业，由谁来承担责任这方面，日本和德国存在着很大的差异。

日本认为“战争是国家的责任，和我们无关”。但是在德国，像奔驰这样的大企业就不会提什么国家的责任而是先承担责任。

加藤：是的。奔驰、西门子、法本等大企业都在这样做。然而在日本，国家和企业却没有任何作为。

佐高：日本是大不一样。鹿岛组（现在是鹿岛建设）的花岗事件就是个很典型的例子，公司声称没有强制劳动，自己没有任何过错，不打算承担任何责任，泰然处之，还说：“我们只是跟着国家的步伐在走而已。”他们想以此逃避责任。其中是有差异的。

加藤：是的。在德国有这样一个共识：对于战争中造成的损失，企业应该如期支付赔偿金。现实也告诉他们，如果不这样做，是不可能在战后的欧洲进行贸易的。

与之相反，日本企业，比如鹿岛组这个大企业，首先就会担心，如果自己承担了赔偿责任是否会破坏国家的立场。于是国家和企业就会紧张，如果自己像打开蚂蚁的洞穴一样一发不可收拾的话，赔偿要求就像暴风雨一样来临，因此不能赔罪。

在企业赔偿责任上，日本和德国的差距，与志愿和征兵的差距很相似。只是在日本存在着市民运动和有良心的律师发起的审判争论。不管是花岗审判还是西松审判，都在和解的道路上开始作出努力。

为什么会发生戏剧性的变化？

佐高：当思考战争这个问题的时候，我们应该怎样认识国家这个概念，如何保持和国家的距离，是非常重要的。

加藤：国家和个人的距离，的确如此。

从前日本是一个军制国家，为什么突然转变为和平国家？它竟然能持续65年的和平？这让外国研究者感到不可思议。之所以能够持续的原因难道不是因为考虑到战争的责任吗？

在战争结束的时候，久野收先生看到放下武器、肩搭着毛巾、挑着粮食复员的士兵时写下了这样的感慨："像绵羊一样手无缚鸡之力的国民参加革命也太勉强了吧。"曾经充满军国主义色彩的国家和国民在感叹"战争结束了"的瞬间，发生了急剧转变。人们会问怎么会有这种转变？

当然，我认为有很多种解释的方法。比如天皇的凝聚力、延误军粮导致国民厌战、军队内部憎恶情绪的扩张等。合理的判断是，如果军队有三成伤亡就该投降了。如果没有做到这一点，那么国家和军队就会完全失去国民的信任。因为日本贯彻了这个让人吃惊的方法，所以才变成了和平国家。我认为这种解释比较妥当，通过对征兵令的详细分析才更接近这个问题。于是我写了《征兵制和近代日本》这本书。

征兵令转向“公平”

佐高：我读了《征兵制和近代日本》这本书，发现征兵令被频繁地修改（不知是越改越好，还是越改越坏），这再次令人惊讶。

加藤：我在书中也写了，日本最初施行征兵制是在 1873 年（明治六年），最初说是全民皆兵，当兵是男人的义务，但到 1937 年（昭和十二年）卢沟桥事变为止，实际上却只有三十分之一的人去履行了义务。

佐高：三十分之一？也就是说，免除兵役的规定非常松散？

加藤：是的，免除条款一开始就松散。

- 身高不足 5 尺 1 寸（约 154.5 厘米）者
- 身患残疾者
- 官吏、医科学生
- 海陆军学生
- 官立、公立学校学生

- 侨居国外国民
- 一家之主
- 长子、继承家业者
- 独子独孙、养子
- 父兄病弱而操持家业者
- 兄弟已在服役者
- 有犯罪前科者
- 上缴代理金 270 元者

除此之外，由于军费预算的原因，让现役军人进入兵营参加训练也是有限制的。一年里，有 300 万人接受征兵检查，进入兵营的只有 100 万人左右。

佐高：这么说来，只要想逃避兵役，还是很容易钻空子喽。

加藤：日本经历过中日甲午战争、日俄战争、第一次世界大战、日中战争、太平洋战争后，随着时代的变化，征兵令也在不断地变化。简单地说，就是免除兵役的条款渐渐被取消了。

当时直接说为了增强兵力得不到国民的支持，要用不刺激国民感情的方式来“引起注意”。因此，就取消了特殊对待，用更公平、平等的方式来召集人。这么一套说辞之后，国民就落入了无法逃脱的法网。

结果，如大家所知，在太平洋战争末期，就连对学生的缓期兵役都取消了，甚至连非常虚弱的人也被征了兵役。

说到军队的特征，确实有这样的一面，就像电影《真空地带》里描绘的那样，大家都没有纪律、场面极其凶残。但是还有一面，就是多次修改过的征兵令（后来被改名叫“兵法役”），让当时社会普遍存在的阶级差异和教育水平差异导致的不公平变得均等化了。

我所写的这些被研究者们狠狠地批判过，他们说“没有这样的事。”

佐高：您到处受到攻击啊。(笑)

加藤：我已经遍体鳞伤了。(笑)

例如，据说帝国大学的学生享受征兵缓期的特殊待遇，从而受到不合理的保护。但是，在战争末期，知识阶级的征兵率和普通青年男子的征兵率一样，都是 79%。也就是说，从整体来看都是非常高的比率。战争末期日本把目标瞄准了毕业于旧制度下中等学校及以上的知识阶级。柔弱的知识分子，被全部带到瓜达尔卡索、莱特去，所以这几乎就是一场病人的战争。

不过，国家在推行这项政策的时候，一般国民都认为是公平的，并为此感到“开心”。都说这样一来特别待遇就不存在了，大家都公平了。国家很好地迎合了那些认为“凭什么只有那些人能够免除兵役”而极度不满的人的感情。

乍一看国家的这个做法是公平的，却让我非常讨厌。明明是在选拔相当程度上去牺牲的人，怎么可能存在公平。明明是不可能的，非要装作很公平。因此，我在《征兵制和近代日本》这本书的结尾处写道：这是一个“大家同样是不幸”的社会，都在“不幸的均沾”。外国研究者读了我的作品后告诉我他们领会了这个“不幸的均沾”。

“最小不幸社会”的欺瞒

佐高：“不幸的均沾”这个词是加藤女士您的原创吗？

加藤：是的。经常会有人问：“这是谁说的？”其实是我自己造的词。所谓“均沾”，意思是“全部相关人员都在同样程度上获利或受惠”，本来是用作正面的意思，但是读了当时的军事相关的资料后，发现“均沾”这个词出现得非常频繁。

例如，士兵通常必须参军2年，却被欺骗说如果在“青年训练所”上过训练课程，参军时间就可以缩短6个月。

青年训练所的费用是全免的，利用当地小学的房子等让士兵们接受每周3天的早间军事训练和夜间学科课程。本来参军时间只是由旧制中等学校以上教育的人和师范学校毕业的人来认定，但是据说如果在青年训练所接受4年训练，参军时间就可以缩短。军方在这个时候会拍着胸脯说“没有接受过高等教育的农民兵也可以均沾到缩短参军年限的红利”。

实际上，这样一来早期的军事训练就有了可能，国家也有了好处，因为以在乡军人为中心的村里的秩序有了保障。尽管如此，贫困的农村年轻人还是上不起学，于是军方就拿“均沾”这种好听的话来哄骗这些年轻人，说他们也能正常受到小学毕业后的教育，也能缩短参军时间。

佐高：听了您刚才这番话，让我想到，《听海神的声音——日本战死学生手记》（日本战死学生纪念会编，岩波文库，1995年）和《战亡农民士兵的信》（岩手县农村文化恳谈会编，岩波新书，

1961年）这两本书是有差别的。《听海神的声音》中没有肯定战争的声音，但是《战亡农民士兵的信》中，军队是个能吃饱饭的地方。对于贫苦农民出身的士兵来说，即使是空头支票也不会感到不幸。

并且，贫苦农民要沿着神岛二郎所说的“出世民主主义”[①]式的社会“烟囱”往上爬。参军就是这个“通风孔”，要巧妙地加以利用才是。

加藤：实质上他们受到了比以前更加严厉的管制，但是却被说成“均沾了权利”，并从中看到希望。其实均沾的并不是权利，而是比现在更严重的不幸。

也有个表达叫“别人的不幸中有蜜的味道”，但是我觉得所有人都抱着“大家都一样是不幸的，管他呢”之类的想法的社会是绝对不好的。

事实上，菅直人所说的“最小不幸社会”与之非常相似。我对此相当厌恶，不喜欢那个所谓的“最小不幸社会”的表达。

佐高：我有同感。差不多三年前，一个叫赤木智弘的自由职业青年写过一篇文章叫《三十一岁，自由职业。渴望战争》，成为了当时的话题。

加藤：嗯，还刊登在《论座》上了呢。

佐高：他无法成为正式职员，并且在等级社会中没有晋升的希望，所以就绝望了。赤木的观点是，与其活在和平的社会，倒不如期望战争下的平等，至少那样可以达到加藤女士您说的“不

① 出世民主主义：指这种民主主义提倡的是大家提高自身社会地位的机会是平等的。

幸的均沾”。

加藤：是的。并且对他来说，革命是个很远的存在，感觉战争倒是离人更近。当然，赤木先生也自知说极端了，不过，战争正是人类赤裸裸的生存本能的搏斗，所以不要痴心妄想会带来什么“不幸的均沾”。

佐高：最近的年轻人常说“没有实感”，但是自己用什么样的距离感来对待社会和国家，思考这些问题就会产生实感。只是去想糊里糊涂地让形势来改变自己，就会完全不知不觉地被国家的花言巧语迷惑。

借助桃太郎强化人民意志

加藤：我认为今后为了强化战斗意志会花言巧语一番，一般做法是借助童话、评话等老百姓熟知的故事来高歌战争。比如其中之一就是“桃太郎”的故事。

研究文化人类学、民俗学的加原奈惠子这样写道：

> 现在，我们看到的“标准版”桃太郎的故事传遍全国是在明治以后。从1887年（明治二十年）第一次出现在教科书中，到第二次世界大战结束，一直被国语教材采用，具有很大的影响力。被教科书采用的这个“标准版”故事，可以说是“正版桃太郎”了。(《桃太郎的歌》,《出版文摘·白水

社书架》，2010年8、9月号）

例如写于日俄战争伊始的《征俄的重生桃太郎》（1904年）中，桃太郎变成了一名日本士兵。

他的爷爷叫英造，奶奶叫大美，分别被描绘成了穿着英国和美国国旗图案服装的西洋人。也就是说，设定成童年时代在美英长大的桃太郎，穿着的是军装，不再抱着黍子面团子，取而代之的是抱着炸弹，要讨伐的是欺负小“支那”和小“朝鲜”的“莫斯科”魔王。童话中反映了恶劣的国际关系，文中杂乱无章的人名真让人受不了。（笑）

幸德秋水自然也读过同时代的这类童话，他说：“日本人的记忆力真差。”

秋水说“中日甲午战争死掉的是农民的儿子，是劳动人民的儿子”，“很多青年都很可惜断送了幸福的人生”，这让人们想起了10年前中日甲午战争的悲惨景象。

国民的确付出了代价，但却很快就忘了这种痛苦。秋水批判道，面对与大国沙俄的战争，桃太郎的退敌大法还历历在目。“记忆力差”这个批判真是深刻。

佐高：这样的桃太郎故事，在太平洋战争中也有很多。

加藤：嗯。在太平洋战争中，例如纪念袭击珍珠港两周年的时候，在按照军事当局指示制作的海报上，标语是“征战的桃太郎、击垮英美”，描绘了乘着宝船的桃太郎，身后是手握南洋资源的七福神，视线前方是红鬼模样的罗斯福总统。

征兵背后

佐高：之前您提到过明治时期征兵率低的事，但是好像也有逃避去当兵的情况吧？

加藤：是的，当然也有民俗学研究表明，有的地方把接受征兵检查作为长大成人的标志，把征兵当成一种成人礼仪来看待。但是，坦率来讲大多数人是想逃避的。

实际上听说有些神社和寺院有“逃避征兵”的灵验符，被称为“合格祈愿”，一些妈妈和奶奶们都来参拜求符，因为成为现役兵参军的中签概率是三十分之一。大家都祈求抽不中。坦率来讲，在村里真相是说不出口的。

佐高：说起征兵，我之前稍有过调查，令人吃惊的是好像以前有征兵保险。例如富国生命原本是富国征兵保险公司，大和生命的前身是日本征兵保险公司。都是征兵保险公司。

加藤：是这样的。到中日甲午战争和日俄战争的时候，出现了伴随着征兵的保险。像是养老保险的一种，如果孩子小时候就参保的话，当他征兵入伍的时候就可以得到保险金。但是，如果是全民战争的话是不可能成立民间保险的，国家之后会发放遗孤养老金、抚恤金来作为补偿。

佐高：生命保险的推销员全是女性，这也是为战争遗孀们新开的一个职业。

加藤：嗯，好像也是军队率先培训战争遗孀来支援就业的。因为必须好好养育孩子。

佐高：1992 年（平成四年）自卫队在 PKO（联合国维持和平活动）中被派遣到柬埔寨。那时保险就是个问题。即便是自卫队员在当地有伤亡，损保公司是不会支付保险金的，而是建立了"PKO 保险"，真令人感到意外。

加藤：是的。一般而言，越危险的地方越没有保险。

佐高：自卫队像是一支志愿军，但是征兵制时代的余波却依然出乎意料地存在着。

填补精神损失之际

加藤：对于战争中各种不合理，国家应该必须用"公平"的方式来填补战后补偿的空缺。战争已过去 65 年了，到现在还有很多事情没有做个了断。

例如，空袭受害者为何至今仍在制作全国性的网页向国家要求补偿？为什么对旧军人、军属和他们的遗孤，支付了 50 兆日元的抚恤金和退休金，而却对受到空袭的普通老百姓不采取任何救助措施？我认为对于这样的不公平，今后应通过议员立法制度预先加以考虑。

对于被拘留在西伯利亚的人员而言，由于实施了《战后强制拘留人员相关问题的特别处理法》，国家层面的谢罪和补偿，才得以实现。

但是细说起来，虽然同是拘留人员，但是还要附加上"日本人”这一国籍要求。当时，作为日本人的朝鲜军人也被拘留了，但是按照这个法律却不在补偿范围之内。真想尽快消除掉这种剩余的不公平。不这样的话，对于国民来说，哪怕有一点战争的记忆，都不会认识到对于国外的战争责任问题。

我有一种期待：在填补国内这些精神损失之际，日本人也能面对自己的战争责任问题。

佐高：我还想问问企业的责任问题。它们在国家战略下，可以说享受了很多快速发展带来的经济利益。利用着国家，却让国家来承担责任是不行的。我希望企业能直面赔偿问题。这样能缓和国民的感情，不是吗？

韩国的征兵制

佐高：现在的日本，征兵制已完全成为过去。但是邻国韩国现在依然采用征兵制，韩国明星谁去服兵役，谁没去，倒是他们的女粉丝们更关心征兵制。

加藤：是的。元斌受伤没去，李东健最后还是入伍，这些对于粉丝来说都是天大的事情。

韩国原则上是征兵入伍两年，但还是有逃避的人。总统的儿子就有逃避征兵的嫌疑。因为有双重国籍就可以逃避兵役，所以在海外产子的人变多了，运动选手在世界性比赛上取得好成绩也可免除兵役，不一而足。

佐高：据说不去参军，就不能成为公务员，大多数公司也不会雇用他。想要逃避兵役，以前会被认为是少了一个手指一样的损失，不过最近好像严重到少了两个手指头。

刚过去的2010年，九一八事变79周年纪念日，在京都举行了“宪法研讨会”。那时，在雨宫处凛的介绍下，来了个韩国逃避兵役的青年。他是个现在流行的“草食男”①，说想做乐队，还在会上讲了些话。

他的发言让我出乎意料。他说，朴正熙曾教导他们学学在“二二六”事件时奋起的日本青年军官。

朴正熙，曾就读于“满洲国”的军官学校，是个亲日派。在韩国做亲日派是没有前途的，但是他却当上了总统。然后他将年轻军官派到美国留学，培养领导国家的顶尖人才，另一方面，又彻底推行征兵制，将有气魄的军人精神注入到社会中。

但是他并不是想完全美国化，也参考了日本的征兵制。而且向“二二六”事件的矶部浅一学习军人精神。这让我感到吃惊。

因此，我找出《将韩国变强的男人，朴正熙》（河信基，光人社，1996年）这本书又重读了一遍。

书中提到朴正熙在上师范学校的时候，一名执行军官对他说：“‘二二六’事件的主谋才是军人的典范。”

朴正熙问执行军官，“一个反动分子为什么是军人的典范？”他回答道，“不是反动，而是改变国家的革命，是昭和维新”。于是又问，“与列强齐头并进发展的日本还有改革的必要吗？”他说，“国家要不断进步”，在发展的过程中“一意孤行，会让国家腐败

① 草食男：指性格温文而雅，异性缘好的男人。

堕落”。为了铲除这些，矶部他们挺身而出。朴正熙问：“如此大事，是需要一个相当大的部队吧？”“不，只有1400人左右。”“1400人？只有这么多吗？”“人数不是问题，就算人很少，只要有条不紊地占领主要政府机关就大势可定了。”“只可惜这次让首相逃跑了，没有完全掌握事态。”

对日本而言，征兵制已经成为历史，已经成了很久很久以前的事。而韩国征兵的精神基础，实际上却是日本的。

加藤：是的，这是历史的讽刺，也是历史遗留的问题。战后日本对韩国军队有承诺，前中野学校的人也就此公开表示过。

能看得出来，韩国在许多方面模仿美国，走的是美国路线，但面对自身另一半朝鲜的时候，就对外征战军的快速组织化这一点来说，其构造则不是美国式的志愿制，而是日本式的征兵制，其中存在历史选择的原因吧。因为日本从1873年引入征兵制，直到中日甲午战争的20年间，都在对外派兵。

因为1920年左右日本还不是普通选举制，所以征兵服兵役是必需的，连选举权都没有，情形甚是可怜。有论调说只要去服兵役，穷人也会受到优待，但是韩国当时是以德国的优点为蓝本的。韩国采取了多种措施，比如如果服兵役就会对公务员考试、公司就职、留学有帮助等。不是“不幸的均沾”，而是给予了特别优待。

远东的征兵制和日本的帝国责任

佐高：中国有征兵制吗？

加藤：中国实行的是志愿制与征兵制的混合型，其中少数的精锐人员由志愿军来填补，所以并没有实质实行过征兵制。香港回归后进驻香港的人民解放军的威容人们仍记忆犹新，他们应该是被选拔出来的非常精锐的部队。

另一方面，台湾地区“征兵制”是确实存在的。以前是两年，前不久变为一年左右，如果在参军年龄期间没有去参军，在大学期间或大学毕业后是不能去海外留学的。想在东京大学读硕士课程或想去研究生院留学，体格哪怕是“第二乙等”都要完成两年的兵役。

但是，我认为根据国际形势的推移，台湾地区会决定在2014年废除“征兵制”(编者注：台湾地区目前仍采取征兵制)。他们也想要优秀的、较少的、熟练的志愿兵吧。

佐高：现在的军队与必要的人数相比，更需要打智力战，所以军队都更想要优秀的头脑好的军人，难道不是吗?

加藤：的确如此。比如头脑明晰的人进了密码解密班。看来能操作高级武器的人去了空军当差。还可以监听对方的通信、守护防空体系，或者能灵活操作和检修高性能的军机等。

其临战的紧迫感，与日本征兵而来的农民兵们相比完全不同，农民兵只会在内务班里被欺负。听说在韩国，军队的内务班依旧存在欺负人的状况……

佐高：日本姑且算作一个国家，而韩国则是一个分裂的国家，某种程度上，算是一个临时的国家。是临战的临，临时的临。台湾地区也同样是一种应急处置型的地区。因为存在突发情况，所以总是处于“临战状态”，从这点上来看对于这些国家和地区来说“征兵”是必要的。

而且，佐藤先生您也写过，军队是会变成反革命军的。台湾地区与其说是一致对外，不如说是内部对立的地区，所以都不清楚炮口在什么时候，会朝向哪里。为了控制住这些不安定因素，“征兵”是必要的，是不可或缺的存在。

宪法九条的背面

佐高：现在，在论坛之类的新闻界，很少正面讨论韩国和台湾地区的“征兵制”。

加藤：韩国和台湾地区的“征兵制”给日本带来了什么样的负面影响？又形成了什么样的新气象？还未可知。征兵制和志愿兵制的优缺点，如果根据现在的状况来考虑，保守派的叔叔们时常说，为了锻炼现在的年轻人，“日本也引入征兵制吧”。

佐高：有人说韩国明星去当兵后和日本男子好像不太一样，不过我认为可以从这一点来考虑，但是对于征兵制更要有问题意识。

加藤：确实如此。日本的征兵制往往太过激，在战争最后阶段总是强迫士兵凄惨地去送死，所以总觉得“还是不要了吧”，但是，无论是台湾地区还是韩国，这些以征兵制为基础的地区和国家就在隔壁，值得我们借鉴，去认识我们的痛处。

日本现在没有征兵制，年轻人们都在享受安逸，原因在于宪法九条规定，不能有核武器。

或许大部分的日本人如今认为日本不可能再次引进征兵制，并对此坚信不疑。但是周边国家和地区总有一种担心，不知道日本什么时候又要变回原来的样子。

佐高：战争中有“不幸的均沾”，也是“不幸的余波”。就像浓淡法[①]一样一下子渲染开来。

加藤：是的，关于战前军队与社会的关系，吉野作造曾批判道，国民的常识是军队的非常识，军队的常识是国民的非常识。同样，这也可以用来说现在的自卫队与社会的关系。

国民也好，军队也好，如果相互间不考虑沟通交流的话，关系就会变糟。这就意味着，事先考虑战前的兵制与战后的自卫队哪里不同哪里相同是十分重要的。

没人注意到民主党和自民党两党的参议院选举宣言，两党都说过，要推进把防御装备转为民用。我认为这本来就是一次大的政策变更，不可能只是为了经济利益那么简单。

佐高：宪法九条的背后，自然就附带着征兵制的问题。现在，按照加藤女士您的转为民用的说法，这个方针因为宪法九条的存在也不算什么坏事。不过却已经构成了双重欺骗。

加藤：是的，确实如此。

广岛的原子弹受害者碑文上也写着“不要再次犯错”，我们这些为未来活着的人，以对死者发誓这一形式来宣示和平。但是，如果不去倾听死者向生者的无言诉说，历史就会重演。这才是重点。

---

① 浓淡法：亦称波淡法，美术用语，表示色调渐增或渐减的技法。

第三章

反战、厌战的系谱

冷眼看待狂热

被揉搓、调换的记忆和感情

佐高：我去看了前不久才去世的高平家先生的舞台剧《为了战争中没死成的父亲》。在选择战后要读的50本小说的时候，我把它选进了《阅读战后——50本小说》（岩波新书，1995年），我不擅长戏剧，所以之前从来没有看过戏。

加藤：那个舞台剧写的是20世纪70年代的事吧。高平家先生在我初中和高中同学里都有狂热的粉丝。

佐高：写于昭和四十七年（1972年），在昭和四十八年，也就是1973年进行了舞台首演。

场景设定为战败30年后，在某天晚上父亲收到了一张迟来的入伍通知单，设计得很不合理。但是与时代感脱节后，却更加鲜明地浮现出当时的情形。

有过战地经历的邮局局长和警察署长在回首往事、怀念往昔时，感慨万千地说道：

> 那时候，没有战后腐败的民主主义可以肆无忌惮的土壤。真想再一次穿成这样（军服）去送信。哪怕连声“感谢万分”都没有，哪怕受到审查什么的，我都要去，都要拿出诚意来。真想谁忘记了邮编或者收信人地址写错了，我给他

训斥一番后扇上一耳光，并当着他的面烧掉信。(《高平家戏剧剧本作品集（二)》，白水社，1988 年)

加藤：前面说过，把嘴上说着“被伟人们骗了”的话，却在战后显得满不在乎、摆出不好惹的态度的平民百姓，描绘成了不祥的存在。

电影导演伊丹万作，也就是伊丹十三的父亲，战后不久就去世了。他也在随笔里对席卷世界的“被骗”的哀怨声的幕后主使，进行了严厉批判。即便如此，那张所谓的入伍通知单仍然有其象征意义。

佐高：确实如此。其中浓缩了现实与嘲讽，没有收到入伍通知单让一家人体会到了社会的冷漠，父亲没能去参战而感到脸上无光苟且偷生着。

加藤：这本书写于 20 世纪 70 年代左右，我觉得非常有意义。

中井英夫先生的小学同学鹤见俊辅先生说，他决定公开发表自己的切身经历和在战争时期写的日记，这是 20 世纪 70 年代以后的事。中井先生本人也在《中井英夫战时日记（完整版)》(河出书房新社，2005 年）中说过这件事。

说到中井为什么要公开别人完全没有注意到的东西，他说，去见战友当你问“你会把军令变成曲谱来唱吗”，你肯定回答“不，那样大不敬的事情我是不会做的”“只考虑为国尽忠而死的事”之类。

也就是说，到了 20 世纪 70 年代，人类的记忆本身令人不可思议起来。

时间以及对战前的沉思替换掉了原有的记忆。“战争终于结束了，可算是松了口气”这样的话语逐渐变成了“原本已做好随时赴死的准备了”。在 20 世纪 70 年代，美化自己经历的倾向变得显著起来。不过仅仅 30 年，日本和日本人似乎将过去忘记了，这让中井先生的内心受到了冲击。他说那时候觉得既然如此，那就必须将自己和周围的战友们对于战争的厌恶、憎恨结集成册并出版。

鹤见先生将人类替换自己的记忆这件事称为“揉搓”感情。高平冢先生也正是站在那个时代的立场上，写了《为了战争中没死成的父亲》。

佐高：人类为了让自己活下去，确实会适时替换掉自己的记忆。

直接说“讨厌战争带来的相互残杀”不好吗？

加藤：说起反战思想，我过去认为必须是像水野广德和吉野作造一样讲得井井有条才行。但是，后来也受到了鹤见俊辅言论的启发。

他说，柏木义元和内村鉴三所谓的反战论是没有思想中心的，老百姓的厌战意识应该在近代以前就已经有了。他直率地说过，“农民的‘工作’是农耕和奉献社会。保卫国家去杀人的明明应当是武士的‘工作’”。

征兵令一出，受歧视部落的人们也立即开始了无差别的征兵工作，于是他们发动了反对征兵制的起义。他们愤怒的是为什么自己也要被迫地履行武士的“工作”。鹤见先生写到，不能无视这种淳朴的愤怒。

学者总想要依据井井有条的逻辑来讲述“反战”。但是，直接表达出他们厌恶战争而骚动不已的心情，甚至不惜撒谎来逃避兵役的心情，难道不好吗？我感觉如果学者不从这里开始讲，就很难成为广泛的“反战”运动。

佐高：是的。明治时期是一个在各方面都光明磊落、人们情感朴实的时代。

鹤见先生让我想起有个词叫“有良心地拒绝兵役”，我对此不能释然。就算没有良心的人，都能够很自然地说出“有良心地拒绝兵役”。所以我对此表示诧异。“有良心地拒绝兵役”，是在肯定兵役。难道不是“没良心地拒绝兵役”吗？那时，赞同我意见的只有鹤见先生一人。

加藤：在这个以种植大米、捕鱼为业的国家，我们的职责却是必须成为士兵。这也算得上近代以来 180 度的转变吧。

我在《战争的逻辑》（劲草书房，2005 年）一书中所说的“反战思想和逃避征兵思想的系谱”就是指这一点。单从有良心地拒绝兵役这一点来看，视野会变得狭隘。

佐高：正义是和“圣”连接起来的。鄙人无法成为“圣”，也没有想过要成为“圣”。圣人需要修道院之类，还需要一些人围在身边。如果装作“圣”的样子，也就无法拓宽视野了。

战争导致“我破国荣”

加藤：佐高先生您说过明治时期是光明磊落的，确实很公开透明。幸德秋水说“人生愉快而光明”，因战争而死太可惜了。这种成熟的分辨能力是出类拔萃的。这种视角下的反战论很有力度。

另外，在思考明治时期公开透明度的时候，人们把目光着眼于外部，其中不能忽视基督教的影响力。内村鉴三等人在说教中经常会提到美国的公开透明之类的话。听到这样的话，对外的视野就会打开。

佐高：的确如此。

加藤：内村鉴三在中日甲午战争的时候支持战争，但是看到实际去参战的人和老百姓的生活后，他在日俄战争的时候变得不支持了。不过，这种变化比这个时候更早。

比如，中日甲午战争结束后的翌年 12 月，他在《福音新报》上刊登了《寡妇的除夕》一诗。寡妇是死去丈夫一个人生活的女性，这首诗从女性的角度描写了为战争卖命而死去的家人被国家瞬间遗忘的故事。

寡妇的除夕

月清，星白，

霜深，夜寒，

家贫，伴稀，
年关人不归。

思绪大海西，
眼泪威海湾，
爱人出南岛，
吾心念汝迹。

他人穿春衣，
痛饮庆功酒，
吾却暂居幽，
独敬阏伽水。

我虚人实，
我破国荣，
忠贞亡夫，
守节战后。

月清，星白，
霜深，夜寒，
家贫，伴稀，
年关人不归。

（《内村鉴三全集 3（1984—1896）》，岩波书店，1982 年）

佐高：说到中日甲午战争，日本有多少人战死沙场来着？

加藤：据原田敬一先生推测，陆海军军人、军属、军夫（运输后勤物资的人）共计 2 万余人。

内村鉴三发表这首诗的同时，还写了批判军事当局的随笔。他说，中日甲午战争的时候，国民希望军队和军人努力加油。代价是什么呢？代价是 10 年间的不断增税。中日甲午战争之后一直到日俄战争，国家在军费上投入了一半的预算。

国家要求国民来买单。他说，这次日俄战争是和沙俄这么一个大国打仗，战死的人比中日甲午战争多得多，这样一来，国民要付出多少代价，想一想就会知道。恐怕人们要播种的是硝烟而不是米了，要收割的是刀枪而不是麦穗了。

他真是料事如神。日俄战争我们战死 20 万人，并且消费 20 亿军资。结果都是由国民来买单。内村鉴三对此作了冷静的叙述。

佐高：熟练地使用着播种人、收割人这样的《圣经》中的词汇，内村鉴三自己的内心也种下了反战思想的种子。

被排挤的人

佐高：我以前写过《一位牧师妻子的昭和史》，里面描写过齐藤玉井这个人的故事。

家父是个诗人，我也有看朝日诗坛的习惯，那个时候见过这个人投了个短歌[①]叫：

传道终寂寞，密声不言夫，人乃圣贤子，自知不问神。

这首短歌绝不是要去嘲讽什么，却无意间起到了嘲讽的作用。这首短歌令人陶醉，之后就开始追捧起这个人的诗歌来。短歌里吟咏了这位牧师妻子摇曳不定的心理世界，前不久她刚刚去世。

她的丈夫是群马高崎附近圣公会的牧师。因为是圣公会，一定是魔鬼般的美英教会吧。周围人就说“你肯定从美国那里拿钱了吧”。可丈夫明明被战争所困，被拘留在了西伯利亚。

加藤：这位丈夫也一定有过惨绝人寰的经历吧。

佐高：当时似乎是街坊在做防火演习。

加藤：传递水桶之类的。

佐高：是的。据说当时这个教会被炸弹命中了。

加藤：所以才谎称是在消防训练，还泼了水，是吗？

佐高：是的。她就这样忍耐地活着。引起我注意的是，大家一边为战争出力，一边因为是基督教而被排斥在外。她在丈夫回国前非常辛苦。之前我几乎不知道一个宗教人士承担了什么样的战争责任。知道真相后，我相当震惊。

加藤：确实。不管是分配物资还是别的什么事情，都被街坊排挤，是很难生存下去的。

佐高：战争中，与普通人不同的“异类”，是会被社会排挤的。

---

① 短歌：日本诗歌的形式之一，是以 57577 的形式由 31 个假名组成的诗歌。

有个俳句[①]诗人叫花田春兆，生于1925年，因小儿麻痹，手脚和言语都有问题，所以上学晚。他有一首俳句咏唱了当时的心情：

泪眼折蜡笔，只怪上学迟。

是不是因为是残疾人不能服兵役，就有所庆幸呢？绝对不是。他说的“真没有用、真是个饭桶”这样的字眼在战争背景下显得尤为刺眼。我认为的确是这样的。

他这样写道：

> 越是到了非常时刻，人类就越具有动物性，这是问题所在。对于缺乏动物性的残疾人来说，就会变成悲惨的存在，这是显而易见的事情。(《折断的蜡笔——我的残疾岁时记》，葡萄社，1979年)

生而有用，这一动物性是有问题的。因为人们就会故意把犀利的视线转向“生而无用地活着有什么意义”这一话题。

他还有一首俳句：

春到四处游，吾有“春兆”椅。[②]

---

① 俳句：日本诗歌的形式之一，是以575的形式由17个假名组成的诗歌。

② 原文：春立つや身に副うは春兆の号ひとつ。(这首俳句中的“春立つ”关联表示生而有用的“役立つ”，隐喻自己也是有用的。潜台词是别人是靠脚走路的，但我也有电动轮椅啊，我还用我的名字给它起了个名字叫“春兆号”。)

我也和他交谈过，他并不是个让人操心的人，倒是非常爽朗。虽然“需要看护等级为5”，但他本人却可以用电脑操纵着电动轮椅四处活动。他笑着说道，“本来想输入‘需要看护度5’，结果输入法替换成了‘妖怪度5’①。原来我是妖怪啊”。

加藤：正是因为如此乐观，写出的俳句才更加沁人心脾。

佐高：战争会让弱者更加难以生存。

性命取决于成绩

佐高：我在《周刊星期五》与美轮明宏先生交谈的时候，他谈到了与中曾根康弘相遇时的事情。中曾根康弘开口第一句就是“你肯定不知道海军魂吧”。美轮先生回道：“我不知道。但是，如果海军魂真的很厉害的话，为什么我们还必须接受竹枪训练呢？为什么还使用原子弹呢？”因为他遭遇过长崎的原子弹爆炸，所以才这么说。

美轮先生生气地说道：“中曾根是会计出身。会计不必上前线。战友死去了也不必切腹，对这样的人有什么可说的呢？”

加藤：确实如此。但是，我并不是想为中曾根辩解什么。我调查过东京大学动员学生出征的实际情况（东京大学史史料室编

① 日语中“需要看护”的读音是“youkaigo”，而“妖怪”的读音是“youkai”，两者的读音很相似。

《东京大学学生动员、学生出征》，东京大学出版会，1998 年）。当时的记录是，昭和十九、二十年（1944、1945 年）法律系毕业的学生全部被拉去当了海军会计。中曾根先生那一代人应该更早一些，大概在昭和十六年。

佐高：是这样的吗，一开始我还误以为他是个有用的人呢。（笑）

加藤：一艘船上就会有一个会计，虽然有没去前线而留在东京工作的会计，但是真的有很多会计乘船去了最前线。像小泉信三的长子——小田信吉就是个战死的会计，这样的人很多。

说起东京大学，还有死在塞班岛的军医，真的是各种专业都有。实际上阵亡者最多的就在医学系，因为他们是作为军医去的前线，所以死亡率也很高，其次是法律系和经济学系。而我们文学系却出乎意料的少。所谓战争真是社会的指向标。

哲学家木田元先生，在满洲长大，战争快结束那一年 4 月初到 4 月中旬，在江田岛的海军学校接受教育。他说在那里意识到“成绩与性命相关”。

第一年的座位是按照假名排序的，但是第二年、第三年根据前一年的成绩来排序，这个排序将决定毕业后的去向。

> 比如，第一名去海军省，第二、第三名乘坐航空母舰或者战舰，其次是巡洋舰或驱逐舰，再往后去航空队，再往后就只能是潜水舰了。倒数第一恐怕连船都乘不了，去陆战队，当敌方的战车登陆的时候，多半会被命令抱着地雷什么的来个挺身而出。（《没做成黑市交易的哲学家》，筑摩文库，2010 年）

是会乘大船还是坐人造鱼雷“回天号”？这完全取决于成绩。据说也能根据成绩计算出毕业之后的寿命。木田先生很直率地写道：特别是由数学成绩来决定，如果自己不会数学就完蛋了，性命取决于成绩。

海军用语里有个词语叫“吊床号”，意思是根据在海军学校的成绩来决定毕业和任职的顺序。配给也会根据这个“吊床号”来决定。不过从结果上来看，乘坐像“大和”或“武藏”那样的大战舰也会死，成绩差的人也会像反转剧一样活下来。命运实在是不可捉摸。

但是就某段时间之前的实际情况而言，成绩优秀的人能够幸存的概率确实很高。只是大家不愿意去谈论罢了。

冷眼看待狂热

佐高：越是去找被社会视为异端的主要原因，受到社会的责难就越厉害，也就越能敏锐地看到社会的真相。

比如，美轮明宏就是那样。又或者是花田春兆，还有山下清。说起来，中井英空也是个喜欢男人不喜欢女人的人。很多人在战争中都说过神国日本一定会胜利的，山下清对此表示反对：“如果知道一定会胜利，就不用打仗了吧。”

也就是说，越是不和大家站在一起，就越能看到别人看不到的东西。我有一种看法，要和社会保持某种距离，让狂热冷却下来。

加藤：是的。绝对能赢的话从一开始就不用战争了。真是一语中的，戳中事实。冷眼看待狂热是核心所在。

有人说，我之所以能沉着冷静地去写战争时期的事情，是因为我是个女性。如果我是个男性，反而会去琢磨当时人们的心情，就写不出来了。

佐高：怎么说呢，也不是没有这个可能。

有本小说写过幕府末期一位名叫清河八郎的爱国志士和他的妻子阿莲的故事，书中阿莲说："男人都沉浸在莫名其妙的维新游戏中，我稍有不明白的地方，他们就会手足舞蹈来告诉我，对此我不能理解。"

的确，男人们卷在历史的旋涡中，当局者迷，啰里啰嗦，反而女性更容易冷眼看待狂热。

对于个人来说，我好奇加藤女士您为什么关注起"不正统者"来了。我看过您的简历，您从私立的樱荫学园去的东京大学，现在的头衔是东京大学教授。可以说是正统中的正统了，我想知道，您为什么有刚才那样的观点。

加藤：嗯……硬说起来可能是受老伴儿的影响吧。我自己的人生平淡无奇，但是老伴儿在上学的时候就担任过驹场的自治会委员长，是当时代议员大会成立后的最后一任委员长，还被跟踪过。还真有"假摔诬告妨碍公务"（警察以妨碍执行公务罪逮捕嫌疑人的方法）之类的事情发生，他还曾亲眼见过。

佐高：您老伴儿有这样的经历，不妨碍您做东京大学的教授吗？

加藤：我们是民主国家。(笑)“教授会”① 在这一点上还是自由的。(笑)

文学的意义

加藤：冷静地看，在佐高先生您和泽地久枝先生的对话录《流芳千古的战争文学》(岩波书店，2009 年) 中，有很多跨越战争羁绊的当事人，他们的眼神热烈而冷静，我很欣赏。

我殷切期望现在的年轻人多去读读这些东西。

佐高：泽地先生说过，冷不防就让去读大冈升平的《莱特战记》什么的，恐怕有点为难了。要了解战争到底是个什么东西，据说可以试着从《出征》之类的书开始读比较好。

大冈先生因为体弱多病，征兵检查是“第二乙等”，他想了很多办法逃避参军，但最终过了 30 岁还是被征召入伍了。说是“教育征兵”，去短期训练，可是一旦去了就突然变成“临时征兵”被拉上了战场。他并不是不讲理或逃避什么的。

加藤：是的，是的。读了《出征》，就不会说“希望就是战争”之类的鬼话了。泽地先生说：“为了让年轻人切身去接近大冈升平这样的人，比如让自己的年龄和大冈升平的年龄来一次重叠会怎么样呢？”我认为泽地先生说得很对。

---

① 教授会：日本由教授组成的合议制的组织。

着眼于自己来考虑问题，容易被人误解。还是不要用现在的逻辑评述过去为好，我们要切身去体味那个时期、那个时代的人严酷的状况。想一想如果是自己的话会怎么做？

佐高：那样的话，或许可以说对现在“感到别扭”吧。

吉村昭先生也是个冷静的人。他重度结核没去参战，但是正因为如此，才能看得清状况。很多人在战后说，自己也是受害者，是被军方强拉硬拽去的，他对此感到别扭，说“他们像变色龙一样善变”。战后那个闹腾的时期还是有很多事情令人怀疑的。

后来，丸谷才一发表了《竹枕》(河出书房新社，1966 年，评书社文库、新潮文库再版)。描写了一个男子在十五年战争①期间一直在逃避征兵，即使战争结束了，他还是深受影响的故事。可以逃脱征兵这个问题没有就此解决，一直拖到了战后。

加藤：村上春树的《寻羊冒险记》(评书社，1982 年) 中，也有个不想去打仗而藏起来的放羊男，就是所谓的逃避者。《竹枕》也是如此，优秀的小说都是在某个方面完美地呈现了国家和个人的对决。

村上春树也恰好经历过诺门罕战役。为此他还写了《发条鸟年代记》(新潮社，1994 年)。诺门罕战役中的日本很愚蠢，在东南亚也好不到哪里去。面对苏联军用战车，我们用燃烧瓶来战斗，感觉一下子把战争拉回到中世②一样。我们需要从文学的立场冷静地看看这种惨状。

---

① 十五年战争：指从 1931 年到 1945 年日本的对外战争。

② 中世：日本的一个历史时期，日本历史可分为上代、中古、中世、近世、近代五个时期。中世指从镰仓幕府的成立到江户幕府的成立这段时间。此处暗指日本的军事武器落后。

歌曲的力量

佐高：除文学之外，音乐也很容易直指内心。

已故的高田渡在《加入自卫队吧》中唱到“男人中的男人们，加入自卫队吧，随花飘散”。这是一首具有强烈讽刺意义的反战歌曲。

但是，有个自卫队却对他说希望这首歌成为自己的队歌。从那以后，高田渡便不再唱了。

加藤：这太吓人了。也可以说成“社会的常识就是军队的非常识”，是这样的吗？

佐高：是的，我都惊呆了。加藤女士您的书中，介绍了军队用语，把晾干衣物的地方称为“物干场”，把编织的鞋子称为“编上鞋”，把裤子说成“军袴”。虽然这样称呼，但是用得不是很普遍。反过来也是如此，在社会上大家明明都知道是讽刺，却不予理睬。

还有一首加川良的歌叫作《教训Ⅰ》，也是一首好歌。

教训Ⅰ

作词、作曲：加川良

生命只有一个　人生只有一次

因此不要舍弃生命

慌乱的时候　摇摆不定的时候

常常说　都是为了祖国
害怕吧　后退吧
逃跑吧　躲藏吧

祖国啊　我们死了
你依然永存千古
对不起啦　都结束吧
生命没有备用品
害怕吧　后退吧
逃跑吧　躲藏吧

有人说要舍弃生命成为男子汉
而我在颤抖
是的　我是个女的也没有关系
堕落成一个女人也没有关系
害怕吧　后退吧
逃跑吧　躲藏吧

与其死后被人敬为神
倒不如像个傻瓜似的活着
说漂亮话的时候
请你不要舍弃生命
害怕吧　后退吧
逃跑吧　躲藏吧

加川良和高田渡的关系很好，我通过高中的好朋友三浦光纪和加川良交流过，在伊拉克反战集会上还请他唱过歌。这首歌非常棒，感染了年轻人。

只是想含块糖

加藤：提到感染年轻人的歌曲，记得之前听过元千岁唱的《死去的女孩儿》，被深深吸引。

NHK 重播过吉永小百合朗诵原子弹爆炸诗《和平的羁绊音乐会》，记得这首歌是在原子弹爆炸纪念馆前唱的。

这是一首写给死于原子弹爆炸的 7 岁女孩儿的歌曲，本来是 20 世纪 60 年代的歌，好像来自一个土耳其诗人写的诗，传到日本后，有过很多唱法。现在元千岁唱的版本是坂本龙一整理改编的。

歌词大意是："把门打开，无所畏惧地把门打开，敲门的人是我，我想要甜甜的糖吃，仅仅想要一个能含块糖吃的社会。"

说到反战运动、不允许悲剧重演的广岛，都已经大书特书过了，年轻人都已经没有实感了。他们并不是不关心，而是因为这些离自己太远，是爷爷奶奶那一辈的事了。构思一个 7 岁女孩儿的语言来唱出来是十分重要的。以一个孩子的视角来表达"我仅仅想吃块糖"，扣人心弦。

佐高：元千岁的这首歌是电影《芋虫》(导演是若松孝二，2010年上映）的主题曲。这个电影还在柏林国际电影节上公演过，寺岛忍获得了最佳女演员奖（银熊奖)。导演说这首歌很好地阐释了电影要表达的意思，所以选择了这首歌。

加藤：电影以脸被烧焦、四肢残废打仗归来的军人丈夫，和照顾他的妻子夫妇俩为主线。

无论是现在成为话题的《加入自卫队吧》，还是《教训Ⅰ》(害怕吧，后退吧)，无论是《死去的女孩儿》，还是电影《芋虫》，都给人一种强有力的“现代感”。

我常常意识到这种现代感。它是如何引起我的共鸣的呢?

当通过收音机听到停战诏书的时候，我们都觉得已经垂垂老矣。然而实际上大家只是10岁、20岁的孩子而已。停战时男子的平均寿命可能连25岁都不到。

举起印在书上的正义

加藤：琦玉大学的年富力强朝气蓬勃的研究员一濑俊也先生写过一本书叫《故乡为什么杀了士兵》(角川学艺出版，2010年)。他在国立历史民俗博物馆当助手的时候，收集了很多民俗学方面的资料。其中有一封被士兵装入慰问袋中的信，是一个孩子写的。

这封孩子寄给士兵的信，着实令人恐怖。孩子们的信很坦率，正因为如此才显得恐怖。

> 听说我们在三月初送走的有些军人叔叔为了国家已经牺牲了。昨天当我们迎接他们遗骸的时候，情不自禁地哭了。另外昨天有一支部队英勇回国了，我们也去举着旗子迎接了，还喊了万岁、万岁。军人叔叔，不管怎样，请不要耍滑头，要为正义而战。耍滑头取得的胜利，会给日本人丢脸的，神仙也不会原谅你们的。军人为什么战死沙场？当然是为了天皇，为了日本。我对军人叔叔你们感谢万分，你们现在正在和中国打仗，我对你们战死沙场表示感谢。

在某种意义上孩子写的意思是，活着回来的士兵耍了滑头。“耍滑头”这个词肯定会触动士兵吧。

佐高：去信仰印在书上的死板正义，真令人可怕。我想说的是，不要因为别人说是正义的就去打仗。

殿山泰司的《三流演员》（筑摩文库，1995 年）中，大家都对上战场的自己说“去死吧”，只有慰安妇说“活着回来哦”。书中说，被正义欺骗、说什么“为了国家”之类鬼话的人，特别是国防妇人会的人，你们都去死吧。

总之，不谈正义和不正义的人以及不靠这些活着的人，他们都会说：“人死了一切都完了，还谈什么名和利？”

加藤：殿山泰司的作品中，我读过《愚蠢的演员!!》（筑摩文库，2001 年）。1939 年日中战争僵持不下的时候，他以演员的身份去了冲绳。冲绳过町的红灯区，一片无精打采之感。

提起冲绳，人们往往只是大书特书它卷入地面最大规模战争的惨状，不过这是太平洋战争最后阶段美军登陆后的事情。而殿山泰司写道，冲绳在这之前真的很悠闲宁静，东西也非常丰富，人们都很纯朴，真诚友好。

所以，即使是战争时期，也会因时因地而感觉不同。

佐高：泽地先生说，在大冈升平的《那时的证词》（筑摩书房，1987年）中，有一句话说“不知道战争的人一半都是孩子”。还说为了长大是有必要知道战争的。不过活着还是不要胡乱地大肆宣扬正义为好。

第四章

草根法西斯主义

被煽动起来的群众

母亲的想法和妻子的想法

加藤：佐高先生您好像和住在山形县的农民诗人木村迪夫先生有来往。

佐高：是的。我真的很喜欢木村先生。他是个有才华的诗人，而且有人情味、胸怀宽广。以前，纪录片导演小川绅介的小川摄制组，住在山形县的上山拍过牧野村的纪录片，他们大约在那里好多年，这期间全都是由木村先生照顾着。

加藤：佐高先生您还在《抵抗人名录》(星期五，2008 年)中提到过，后来在朝日新闻晚报《日本人脉记》(2010 年 7 月 23 日）上刊登了木村的奶奶和他妈妈的趣闻。因为木村是诗人，所以引起了关注，实际上可以说这象征着战后日本家庭的一种状况。

佐高：是什么？

加藤：木村的奶奶阿杖原本是个稳重的乡村老妈妈。而木村的父亲，就是阿杖的长子打仗死在了中国。阿杖知道消息后，精神就像断了线一样。从那以后，每天一边照顾蚕宝宝一边唱着自己即兴编写的诅咒天皇的歌。说什么日之丸是红色的，“肯定是我那回不来的儿子的血染的”。

佐高：是的。在那之前她的第二个儿子也死了。知道战死消息的那一刻，她好像很坚强，说为天皇陛下荣誉战死值了，还做了红小豆饭以示庆祝。但是不久之后战争又夺去了她长子的性命。于是她受到很大的打击，恐怕不会相信任何事情了吧。嘴里说着胡话“天皇开玩笑的吧”“玩得太过分了吧”，之后就再也没有双手合十拜过佛。

加藤：阿杖不会写字。晚年时每天说的这些诅咒的话就算是她的遗书了。木村把听到的记录下来写进了自己的诗集中，命名为《奶奶的歌》。

佐高：是的。其中有一首真让人悲痛。

两个孩子都给了国家
只剩下家里人哭着过活
看到别人的孩子就会想到
我的孩子正在冥河之滩垒石头

加藤：木村的母亲叫阿峰，家里失去了顶梁柱，她就要拼命工作。阿峰干着农活唱了首《在拂晓之时祈祷》。读后让我深有感触。

啊
要你立功的妻儿
已把旗子摇破
那表情　那声音
仍飘浮在遥远的云间

阿峰把“在遥远的云间”唱成了“在遥远的波浪里”。

这首歌是在士兵出征，国防妇人会的成员系着束衣袖的带子挥舞着旗子送行的时候唱的。

佐高：木村迪夫四五岁的时候父亲就出征打仗了。所以父亲结婚还没有过十年，母亲阿峰承受着丧夫之痛，和奶奶阿杖一起承担着家庭的重担，拼命地工作。

加藤：即使想着是为名誉战死的，但是作为母亲，在心情上仍然觉得是被夺走了儿子。所以，阿杖满含着对战争本身和天皇的恨。而阿峰是在妻子的角度被战争抢走了丈夫，其心情是丈夫去打仗立了大功，真让人骄傲。所以唱着送行时的歌。

佐高：因为如果不这样，恐怕难以支撑她们活下去吧。

加藤：是的。两个人都很难过。不过母亲和妻子的心情、婆婆和儿媳妇的心情还是不同的。当然也是有分歧的。

当时在日本到处都有这种感情，你认为会发生什么？

国家在保护谁？

加藤：战死沙场的家属抚恤金到底是公公婆婆领取，还是儿媳妇领取？实际上随处可见这种活生生的争论。

佐高：围绕战死沙场的家属抚恤金，存在婆媳之战？

加藤：是的。举个例子，结婚之后丈夫出征战死了。妻子没有孩子，丈夫也死了，就会被赶出家门。父母想领取所有的家属抚恤金。村公所和部队的人都很难办，难以收拾残局。据说这个时候，都是由征兵单位的相关人员出面调解的。

军队基本上都是站在儿媳妇的立场上。我认为考虑到维持家庭最好还是站在儿媳妇的立场上。为什么呢？因为养育孩子的是儿媳妇。另外，即使没有孩子，其他很多儿媳妇都在看着婆媳之战的动向。养育未来士兵的是妻子，所以即使是仅仅结婚半年，说不定肚子里已经怀上了孩子呢。

当时人没有文化，不会去做 B 超。所以即使没有孩子，军队还是支持妻子。之前提到的一濑先生也表明过这个态度。

佐高：这么说，妻子就是维持再生产的机器，而年老的母亲不再是生产的机器喽。所以才支持今后会生孩子的一方吧。

加藤：村里原本的秩序是要重视尊敬老年人，从某种意义上来看，是军方从总体战角度出发的做法破坏了这个秩序。

佐高：但是，大家一般并不太议论这些。

加藤：是的。

佐高：武野健二经常说，战场的士兵临死的时候喊的是“妈妈”，并不是“天皇陛下万岁”。也就是说，母亲是会让他们扔下武器回家的人，而妻子则可能为了保护自己会让他们去死。把钱给谁真的是个艰难的选择。

加藤：另外还有，就是丈夫一连三四年都不回家，性是个大问题。据说实际上有很多悲剧，比如公公或小叔子染指妻子等。怎样保护出征士兵的妻子，对于军方来说，是个维持社会秩序的大问题。正因为如此，才会劝诱妻子说，都把抚恤金给你了，你要把孩子养育成人。

佐高：据说有很多案子是哥哥战死或者被扣留回不来了，这个时候妻子嫁给了弟弟。反过来说意思是得到抚恤金的妻子不要外嫁。

加藤：也可以这样。在双方看来，这也是“合理的”再生产方式。

佐高：死者的抚恤金到底该归谁？到现在也在一直被讨论。

加藤：是的。父母都死了就是不报死亡通知，孩子依然领着父母的养老金，这样的问题越来越严重。搁在以前，还会有人说“多年没有见过那家的老爷爷了，已经去世了吧”。现在，由于民生委员的人手不足，有可能会漏掉。但是，今后这种因为是父子关系所以宽大处理的体系，有被检举告发之势。

国家在处理如何有效维持社会的满意度问题时，很容易让普通人对故意行为不端的人，或者对无工作能力而必须接受生活保障的人感到不满。这种状态，在结构上跟战争时期很相似。制定国家保护谁的体系，是极具战略意义的。

佐高：前一段时间，我在东京堂书店和辛淑玉有过一次交谈。那个时候她说“都不知道还有人竟然不举办葬礼，但也不能一概而论”。我也同意这个观点，不过行为不端的事情没有了，并不仅仅表示所有都是好的，选择公正总觉得是体系上的软肋，也会增加“不幸的均沾”的可能性。

加藤：我认为是这样的。

社区的冷与暖

佐高：就我的实际感受而言，在家乡的个体思想性，是很微妙的东西。

我在老家当了5年教师，参与过市民运动。事务所只有五六个人，所以比如当我们反对建国纪念集会的时候，只有我们自己发发传单而已。而最热衷于看传单的是警察和公安。

因为国体什么的，皇太子来过山形县。在我们家附近，便衣警察好像监视上了我。隔壁家的老头和这个警察是渔友之类的关系，老头问："你是干什么的?"警察答："啊，旁边这家的儿子是个赤化分子，我在监视他。"这个社区真小，于是走漏了风声。

之后，我辞去了教师的工作，留下妻儿去了东京。那个时候，好像有人说我"加入了赤军"。

加藤：从便衣警察、赤化分子，联想到加入赤军……真够厉害的。

佐高：在一个小社区把我说成什么?我的父亲和母亲很难过。在乡下这样一个封闭的空间，我并不是什么"右倾""左倾"的，只是有和普通人不一样的思想活动，就被视作异端，加以白眼。

另一方面，我不知道在哪个方面超出常人了，一说出我的名字，大家都知道，我好像成了家乡的名人。

我如今回到了老家，骑着自行车到车站去买报纸的时候，连不怎么认识的老大妈都跟我打招呼说"欢迎回来"。"欢迎回来"，这是一句非常温暖的话。但是，也是这个大妈在我撇下妻儿去东京的时候，像是投井下石地说，“还是个老师呢，真是不像话”。

加藤：的确如此。故乡是个绵里藏针杀死人的地方，又是个给我们盖棉被的地方。

佐高：是的，是的。真难理解啊。

加藤：我出生在埼玉县，没有那么封闭，我真庆幸自己没有个性。

佐高：例如，石原莞尔是山形县鹤岗出身。对于山形县的人来说，如何评价石原不重要，倒是对他是家乡出生的名人这一点感觉更强。

加藤：啊，我明白了。在当地人看来他已经是个角儿了。我去鹤岗市立图书馆调查石原史料的时候，出租车司机高兴地说：“是来看石原老师史料的吗?”问也不问就要诚恳地告诉我哪个餐厅好吃之类的。啊，原来他是当地的名人、英雄啊。

佐高：感觉像是神一样。对于那些被看作神一样的人，我在《石原莞尔的虚饰》(评书社文库，2003 年）上说，他们最后都变成了和平主义者，但是纵火犯帮忙灭了火，也不能要求受到表扬啊。父亲还问我真要这样写吗?

但是，有趣的是，比起让别人来写，还是同乡来写比较好。

加藤：我虽然讨厌被人贬低，但是如果贬我的人是当地出身，我会勉强原谅他的。

佐高：是的是的。有种“真拿那个笨蛋没有办法……”的感觉，反而变得宽容了。所以，我写的关于石原莞尔的书据说在酒田和鹤岗卖得很好。书店里的人告诉我，似乎都是愁眉苦脸地把

书买走了。(笑)

加藤：虽然心里不舒服，但是还是情不自禁地读了。他们想搞明白。

社区，特别是封闭的小社区，不是思想上的好与坏，简单来讲，而是冷漠与温暖。或许这容易成为草根法西斯主义的温床。

佐高：嗯，是有这种感觉。

天鹅进苇花

佐高：下村湖人的《次郎物语》中有一则《天鹅进苇花》的故事。

> 一只纯白的天鹅闯进了纯白的芦苇荡中，一下子不见了踪影。但是，它的翅膀扇起的风，让一直沉睡的芦苇荡摇曳多姿起来。真想学学这只白天鹅。但是，非常困难。要学会，不用心是不行的。按照自己的标准只去追求小胜利，是不能学习天鹅的。(《下村湖人全集第二卷》)

主人公次郎告诉我们，天鹅进苇花，是某种参悟，万物一色乃自然。

书中有个以推动青年团运动的田泽义铺为原型、被称作老师的人物。因为下村湖人实际上就受到过田泽义铺的影响。

“天鹅进苇花”很美，反过来说，与大家不同的就可以被认为是扰乱和谐的存在。我觉得这是日本法西斯主义的极致。于是所谓的青年运动团被彻底逮捕了。

加藤：原来如此。说“树大招风”不好听，但是说成“天鹅进苇花”就完全不同了。

在这个意义上说，也有观点认为指挥青年团运动的人旨在通过自己进入苇花唤醒芦苇。《次郎物语》中说“按照自己的标准只去追求小胜利，是不能学习天鹅的”，总之意思是指，自己要像天鹅那样去摇晃芦苇才是。

佐高：原来如此啊。

加藤：田泽义铺，如今记得这个名字的人已经很少了，他在推动青年团运动之余，1927 年（昭和二年）还呼吁过要肃正选举，并亲自参加了运动。他担任过郡长之类的内务官僚，执政理念是，在全国大选中可以支持政党，但在地方选举中如果涉及政党的党派利益，地方就会凋敝，所以不可以支持，应该保持中立，不要政治主义。于是他亲自在大正时期从内务省辞职，从静冈县开始参加竞选。虽然他因微小之差败北，却通过青年团运动动摇了民众，成了“非政治主义的政治性”这一思想的根基。

佐高：对政党保持中立，并不是政治上的中立，相反，是格外有政治性的。

丸山真男的弟子中，我最喜欢的是松本三之介，这个人有本书叫《国学政治思想的研究——近代日本政治思想史序说》（有斐阁，1957 年），其中就强调了“非政治主义的政治性”。

即使是青年团运动，或者是修行团运动，都在强调自己与政治无关，但是与其打算远离，倒不如接近它。松本先生指出，要自发进入田中义一之流的期望。

加藤：是的。

青年团和处女会

加藤：原来在外地农村，有被称作若者组[①]或若众组之类的组织。从江户时期开始，村里的年轻人们自发聚在一起，主办个祭祀活动或者组织个治安维持会之类的。那个时候，也有以盂兰舞为借口男女混在一起玩耍的事情，做事相当洒脱。这些都是自发进行的。

内务省以国家的名义开始努力做事是在日俄战争后的大正时期，把以前的若者组或若众组作为基础，在各县成立了叫作“青年团”的组织。那时，还成立了女性版本的“处女会”。组织成员都是中小地主和佃农等老实人家的孩子，这些人将知识水平起码是小学普通科、高等科出身的人聚集起来，培养他们过体面的生活，特别是在志愿劳动中进行各种各样的学习。在 1915 年（大正四年），内务省和文部省共同合作，要让只顾着开心玩乐的青年组变老实，让它正式成为修养和壮丁（接受征兵检查前的青年男子）的预备教育机构。

① 若者组：等同于若众组，指各村组织的青年男子团体，大多在十五六岁的时候加入，结婚的时候退出。

佐高：处女会都做些什么事情？

加藤：处女会都是些普通科、高等科毕业后未出嫁的年轻女性。青年团的会长往往是町长。处女会的会长最初也是町长，副会长是小学校长。不久，因为是女性团体，就尝试着任用女性教员，于是之后就开始启用女性了。

处女会会通过志愿劳动获得报酬，买书建图书馆。虽说是图书馆，但只不过是在村子的公民馆里把书摆上而已。她们劝大家，捐 10 文钱也可以，买书会学到有用的东西。

或者，请讲师来讲有用的话。比如请过一个讲述农业综合化的人，他叫山崎延吉，领导着爱知县安城市一带的农业会，被称为“日本的丹麦”，他提倡，仅仅依赖养蚕是不行的，要饲养山羊，把羊毛织成粗线呢，然后制成整齐的手工纺织呢。听起来很洋气。

处女会招这样的人来演讲。由于内务省的支持，像吉野作造这样伟大的哲学家也来巡回演讲。对她们来说，能够听到这些大人物的演讲真是高兴。

又或者，她们还想推动婚丧嫁娶仪式的简朴化。在当时的农村，据说婚丧嫁娶的开支非常大，婚礼和葬礼能给经济带来萧条。当时，农民们要分几十次来支付买礼品的账款，你觉得都是些什么？

佐高：是出嫁时的橱柜之类吧？

加藤：嗯，其中之一是出嫁时的橱柜。还有一个是整套餐具。婚丧嫁娶都是在家中举办，所以召集人的时候就需要一整套喷漆的餐具和碗之类的东西。经营这些漆器的商人，每个季节都在农村里转悠。这些东西需要分期付款几十次才能买下来。并且还有利息，所以是花了大价钱的。处女会就告诫人们停止这些活动。

另外，一有葬礼，年轻人就都来帮忙，还喝大酒。都准备了3升酒但还是不够，就又买5升。这个时候还不能发牢骚，让他们尽情地喝。一晚下来100块钱就化为乌有了。除了青年团、处女会之外，同业公会[①]的青年组织也出来呼吁阻止这些活动，要改善生活。

佐高：之后青年组织发展成国防妇女会之类的组织了吗？

加藤：我记得国防妇女会达到1000万人的会员规模是在20世纪40年代，在那之前女性团体的根据地变来变去，作为女性参与运动的方式之一，是由处女会或者女子青年团组织的，叫“清纯正直美丽”。

参与型国家主义的萌芽

加藤：女性真正被卷入战争，契机是进入昭和时期后遇到了金融危机，滨口内阁开始推行紧缩财政的政策。政府大约从1930年开始采取详细统计减少进口数量的举措。

于是，政府就开始列举数值来说服大家：每个家庭一天节约10文钱，日本这个国家就能够节约好多；茶叶渣不要扔掉还能留作他用，餐厨垃圾中还能再生出钱来等。日本人的特点就是爱嚼

---

① 同业公会：指旧时同行业的企业联合组成的行会组织。

理，于是带有威胁性的言论也开始出现，比如家庭妇女可以维持一个国家。

当时，已经推行普选了，不过女性还没有参政权。但是，她们在肃正选举的宣传运动中被劝说，她们没有选举权，但是你们正派，对丈夫和孩子发挥着正确的影响力，就相当于参与了国政。

而且最近政治家和夫人共同出席正式场合的宣传也很厉害。进步很大的是从 1929 到 1930 年，一些政治家的夫人开始参与政治，她们在昭和天皇的即位大典上，也是滨口内阁时期，用广播向大家问好。

国防妇女会设立于 1932 年（昭和七年），但是阅读了之前提到的藤井忠俊先生的《国防妇女会——日之丸和炊事和服》（岩波新书，1985 年）之后，我终于明白了面对总体战的过程中，女性的组织化被一下子加快了。

佐高：归根到底，开展妇女会相应的活动，打开了参与型国家主义的窗户。

加藤：嗯，是这样的。国防妇女会实际上也有很强的非政治性。即使军事当局成立在乡军人会的妇女组织开始运动也没有人参加。要说为什么，是因为农村的秩序井然，年轻而且头脑聪明的女性也被压制着。但是，国防妇女会是城里人，的确把女性从厨房解放到了社会。不是“在厨房里”而是“离开厨房”，这种观念极快地推进了女性的组织化。

正因为歌颂非政治性，在 1941 年，多达 1000 万人被动员起来。如果说会员数有 1000 万人，那么内地人中每 7 人中就有 1 人是会员。1939 年被动员的士兵数是 100 万人。男人被动员了 100

万，而女性是他们的10倍。这个数字真吓人。

之前提到的青年团、处女会，总的来说，都是在对民主主义有好处的社会学教育的视点上被推进的。也出现了赤化分子。不过有趣的是，一旦像这样普通人的动员机制得以组织起来，那么它承担的思想内容，就会随着时代不断变化。从民主主义到军国主义的转换，其变化之快也可以由此来解释。

拿国定忠治和佐仓惣五郎来说事

加藤：之前说过，曾经有效利用桃太郎的故事来鼓舞士气，但是同业公会的妇女组织劝说女性加入公会以紧缩家庭财政的时候，为了让她们明白公会不是一个可怕的组织，都会给她们讲国定忠治等人的故事。

佐高：说起国定忠治，现在的人可能不甚了解。他是江户时期的侠义之士，最终遭磔刑而死，他在天保年间发生饥荒的时候，行侠仗义救助农民，经常成为戏剧和评书的素材。

当时农村的娱乐，也就是走街串巷的戏剧和评书。忠治一边凝视着刀，一边说着那句有名的台词“我的一生都有你这样强大的帮手”，对农民来说国定忠治确实是可以信赖的帮手。

加藤：女性们应该是经常一边加着夜班，一边听着收音机里的评书。

也有人会一听到公会这个词就有点犹豫不决，会心存戒备，说这不是个赤化组织吧？所以同业公会解释说，“不必担心，这是个保护农民和村庄不受坏大名迫害的组织，就像国定忠治一样”。为了让她们理解自己的活动不是赤化分子的行径，是正确的，公会往往用国定忠治的名字来说教。

佐高：如此说来，佐仓惣五郎在战争中也是被极力称赞为日本人的榜样。有个研究起义的人写过一本书叫《义民——农民起义中的领导者们》（横山十四勇，三省堂新书，1973 年），书中描述道，把发动起义的主谋的话作为克己奉公的典范，替换成正能量，这种策略真是有手段。

加藤：佐仓惣五郎也是义民的传说里广为人知的人物，于是书中就不去谈他被处死的事情，而只是大肆宣扬他为了村里人牺牲了自己和家人。是这样的吧？

佐高：是的，只是让正能量这部分改头换面。去关心他谋划起义的事是不恰当的，所以就变成了为了世界为了人类不惜粉身碎骨竭尽全力的故事来蒙混过关。

加藤：嗯，改头换面，也是煽动人心时候的一个关键词。

佐高：真有善于操纵人心的人啊。

战争时期的农业政策

加藤：拿佐仓惣五郎来举例子，真是非常有趣。这是因为日本之前还没有经历过总体战。在第二次世界大战期间，也就是到了太平洋战争末期，胡乱征兵的草率举动致使农村的生产力被迫下降了。

这是因为军需工厂等地的熟练工不得不被免除兵役，没有被征召入伍。为了补充战争中的兵力，下到农会的技术指导员，上到发挥劝农核心作用的村里中心人物，都被征召入伍了。

不具备技术上的知识和经验，就搞不好农业。连具有像使用肥料方法等丰富的农业知识的农业技术员都进了部队，农田自然就会荒芜，生产量也急剧下降。

农事生产剩下老人和妇女，由于缺乏农业专业人员，在农活中应付不了生产事宜。因此经常看到佃农们很是犯难。对于理应背负生产好坏与否责任的地主阶级来说，其意义可能是要像佐仓惣五郎一样，必须具备一旦发生紧急情况就可以牺牲自我的精神。

佐高：在士兵的母亲和妻子中，军方会偏向妻子一方。在地主和佃农之间，政府会偏向佃农吧？

加藤：是的。政府会施行相对鼓励佃农的政策。

“二二六”事件镇压了军队的反叛之后，政府就通过了不让大米价格下降的法律《米谷自治管理法案》、保护制作蚕茧的农民的法律《产茧处理统管法案》、可以买到廉价肥料的法律《重要肥料业统管法案》等以前遭到地主反对没有通过的法律，这真是受到反叛的影响。这些法律可是在军队的威胁下于1936年的议会上敲定的法律。

在国家政权摇摇欲坠之际，农村贫困阶级的利弊会以各种各样的形式显现出来。国家真是巧于钻营。

犬养毅培养的人

加藤：不过说起来犬养毅的确是个很有意思的人。虽然原敬有点小看犬养，但是我觉得犬养的力量是不可估量的。

犬养的有趣之处就是培养地方社会青年这一点。他在冈山县、长野县这些地方，增加了国民党的新派青年。旧制度下，没有钱和头脑是不可能上初中的。当时 100 个小学生中能否有 1 个人去上初中都是个未知数。也有的人是因为自家是富裕的地主要继承家业，不得不放弃去城市上学。犬养很好地疏导了这种地方青年的不满。

犬养在如今被称为夏季讲习会上经常进行演讲，例如在长野县有个叫作木崎湖的地方，在大正时期他频繁地去那里开设夏季讲习会。

实际上这种踏实勤恳的社会教育在战争期间发挥了作用。就说个实际例子吧，在移民“满洲国”的时候，长野县的开拓移民居全国第一。国家受赤字之苦，于是对村庄施行分村移民①政策，并骗村民们交纳特别补助金。据说有个村长在犬养的夏季讲习会上听过课，所以没被国家这样的花言巧语所欺骗。

佐高：哦，是很有趣。

加藤：犬养写过西南战争的随军日记，是作为一名新闻记者

① 分村移民：指在旧制日本移民“满洲国”的事业中，村里人被分为“正当农户”和“过剩农户”两类，而把“过剩农户”送到“满洲国”的移民政策称为分村移民政策。

出的名。另外在大正时期，原敬的时代，犬养和后藤新平、伊东巳代治等人一起鼓吹外交论，来对抗政友会。

长年见识政治幕后的人教导年轻人的话是非常有意义的。年轻时是否听过这样的话，在之后的昭和战前期的行动中就会显示出差别，太可怕了。

佐高：犬养道子女士写过，“如果要说出一个杀害我祖父的人，那么此人就是石原莞尔”。

而市川房枝加入过石原莞尔创建的东亚联盟，她在20世纪70年代中期出版《石原莞尔全集》的时候，写过一篇《非常优秀的军人》的荐文对石原莞尔大加赞赏了一番。

对石原莞尔的评价，市川房枝和犬养道子正好相反。而且依我所见，为稍显危险的市川房枝撑腰的人是菅直人。

加藤：在战争前期参与女性普选解放运动的市川房枝女士说过，不管怎样支持女性参与政治，推行普选权都是完全正确的。

但是，当时不仅仅是市川女士，热衷于政治活动的女性们，她们的标语都是些什么玩意啊。比如她们说要废除女仆税这件事。结果说的是不废除女仆，而是废除女仆税。这些都是在家中雇用女仆的城市中富家太太的想法。总之她们站在了支付女仆税的富家太太这一边。

消费团体的活动也同样混乱，因为她们说共同购买了农村人没有听过的番茄酱。妇女参与政权运动其实相当重要，但就是不能推广开来，的确是有原因的。

佐高：我以前曾经对菅直人说过，“总是捧着市川女士是不太好的”。可是他是一个对历史曲折微妙之处不甚了解的男人。

《乳和蜜》——基督教思想带来的东西

加藤：生活中有各种各样的青年运动，但是都无法逃避基督教的影响。

现在我来说说“满洲国”移民的事情。战争结束时在“满洲国”的日本人大约有200万人。其中军人约50万人，民间人士约150万人，数量之多令人惊叹。但是为什么有那么多人会想着移民呢？

如果按照分村移民政策全村人都移民的话，村里就可以拿到钱。不去就要交补助金，所以村长就拼命地招募移民团，但是村里可以拿到钱这个理由，是不会轻易动摇大家的。

在20世纪30年代，在基督教的人道主义背景下，消费合作社等蔓延开来。而且，同业公会在自己的机关杂志《家庭之光》中，积极举办改善农村生活的宣传活动。《家庭之光》是一本即使农村普通人家的儿媳妇看了也不会惹怒婆婆的杂志。在《家庭之光》中，被称为合作社之父的贺川富彦写了一篇叫作《流淌着乳和蜜的故乡》（复刻版，家庭之光协会，2009年）的连载小说。由于这部颇受欢迎的小说，《家庭之光》在1935年创办以来的销量超过了100万册。这部小说连载了2年，获得了巨大成功。

"乳和蜜"并不是日本词，而是圣经的语言。贺川富彦善于使用《出埃及记》中的语言，小说描述了一个贫穷而认真上进的青年人，和曾经一度身陷困苦境地仍然刚毅奋斗的农村新娘女主人公一起前往"满洲国"的故事。这是一部劝诱年轻人前往新天地满洲的小说。

佐高：啊，也就是说，是从这里到那里喽。意思是这里没有希望，去有梦想的地方吧。

加藤：很多情况下日本的男人事实上是由女人来裁决的。我觉得，拍着丈夫肩膀说"他爹你去吧"的年轻妻子们，受到过贺川的这部《流淌着乳和蜜的故乡》小说相当大的影响。

在新天地里没有啰里啰嗦的婆婆，也没有烦人的村庄秩序。会有一种从现存秩序中解放出来的感觉。在"满洲国"有年轻一代们心驰神往的现代生活方式。如此这般破坏现存秩序的力量是与战争相连的。

我觉得原来的日本人缺乏探寻新天地去突破命运的想法，但是与基督教的某种使命感相结合后，就有了一条出路。这条出路也催促人们前往"满洲国"。

佐高：可能那里并不是真正的"流淌着乳与蜜的故乡"。

加藤：可能不是，但还是都去了。

军人们想到的标语中充斥着奇怪的东西。像"太拥挤了，去满洲吧"等，意思是说日本地域狭小所以去"满洲国"吧。在太平洋战争时期曾任企划院①总裁的铃木贞一在年轻的时候拼命思

① 企划院：日本战争时期负责企划和推进经济政策的政府机关，直属于内阁。

考的事情就是这个。

佐高：即使不去移民，也有人会说“真想干他一场”去做各种生意。

加藤：是的是的，比如“去上海做牙医了”“去应征满洲铁路警备警察了”等等，真的很多。吉见义明先生在《草根法西斯主义——日本民众的战争体验》（东京大学出版会，1987年）中举了很多实例，的确有很多日本人抱着试试看的心态渡海而去。

事实上“乳与蜜”这个词不仅包含了满洲移民的悲剧，还诉说着战后从中国撤离的人们的风霜雪雨。

有一个真事，有个人好容易从中国捡了条命回来，可是村里却没有让他回来的地方。于是，他战后到郡上市高鹫町的一个叫“hirugano”的地方开荒拓土去了。在中国是开垦，回国后还是开垦，听起来真令人心碎。

“hirugano”以前写作“蛭野”，从这一地名也可以想象，那里是片随时有水的湿地。作为农业生产的环境来说，那里的土地难以耕种，生活非常辛苦。不久后，长期荒废的叫“郡上织物”“郡上抽丝”的纺织业开始复兴，人们才可以谋生了。

饱受辛劳的劳苦大众建造了石碑，上面刻写着一首短歌：

> 日留原野上，流着乳和蜜；朋友一起来，共筑新故乡。

“乳和蜜”确实是个造孽的词。

佐高：正是由于被希望和基督教式的使命感所支撑，他们才能够忍耐吧。提倡无神论，更需要精力。

加藤：是的，是需要精力。

佐高：人往往一边说着“宗教没什么了不起”，而一边又怀有某种期待。何况是外来之物，它肯定更让人增加了憧憬之感。在日朝鲜人的归乡运动可能也是有此种情形吧。

加藤：是的。

草根法西斯主义从农村到企业社会

佐高：石原莞尔也深思过农业政策。因为当时日本务农的人占了大多数，如何应对农民，需要仔细考虑。而且当时的法西斯主义是以农村人为主体的。

二战后很多国民都去公司工作了，所以战后的法西斯主义的舞台变成了公司和企业社会。

例如，把单身赴任说成像士兵出征一样。在单身赴任的家庭中没有父亲，这样一来公司总务部的人就会代替父亲去参加孩子们的运动会。也就是说会有负责人去单身赴任者家中拜访，并且在运动会上代替父亲的角色。这样下去，就变成了代理父亲，也会代替丈夫的角色。实际上也有小说对此进行过描写。

加藤：就好像家中无人时的援助部队一样啊。

佐高：是的。

加藤：战争期间也曾经有爱国妇女和国防妇女去出征士兵的

田地里帮忙耕种，积攒钱并且每月带着 3 元钱去进行慰问等活动。不过因为这是以妇女会为中心进行的活动，所以没有变成代理父亲和代理丈夫。

虽然是去留守妇女家中进行慰问的援助活动，但同时也是一种监视吧。

佐高：也有所谓的修行团。莲沼门三是在清扫运动之后加入修行团的。

我去采访企业新员工实习的时候发现有这么个集团存在。修行团的讲师说："GHQ（驻日盟军总司令）的占领政策旨在弱化日本，家庭和学校遭到了破坏，是企业在勉强支撑着它们。通过企业内的教育才终于保持秩序井然。"日立和住友等公司都出钱投资了企业教育。

莲沼门三出身会津，1903 年春天进入东京师范学校，也就是现在的东京学艺大学，修行团创建于 1906 年。

加藤：这么说来是在日俄战争以后了。

佐高：修行团在 1917 年开始强化组织，第一任团长是东京市长田尻稻次郎。莲沼给涉泽荣一写过一封很长的信请求援助，而涉泽荣一是后援会的第一任会长。第二任团长是平沼骐一郎。

加藤：有个叫日本农道会的团体，也和平沼骐一郎有关系。

佐高：GHQ 命令要全部解散战争中法西斯化的团体，只有尊德会和这个团体留下来了。因此在企业里的法西斯贯穿了战前、战中和战后。家庭和学校遭到民主主义的破坏，但是企业却没事。这符合修行团讲师的叙述。

加藤：松下幸之助和安冈正笃也担任过修行团的顾问。

佐高：是的。修行团在伊势有修行的道场，最有名的修行叫水行，就是在严冬时节穿着一条兜裆布进入五十铃川。他们紧勒着一个印染有“没有爱的人生会变得黑暗，没有汗水的社会会变得堕落”文字的缠头布，唱着明治天皇创作的御制诗歌进入五十铃川。他们唱道：

五十铃川尾，涓涓流清水，汲取洗心者，定是秋津人。

修行团有很多像三大主义之类的思想，我认为压制愤怒，不管什么时候都要压制住愤怒才是修行的重点。

加藤：这也是一种非政治主义的政治性吧。GHQ（因命令解散所有法西斯主义的做法）当然得到了宽恕。外务省和战后的吉田茂内阁也对 GHQ 持宽恕态度，他们同样拥有这种非政治主义的政治性。根本而言，就像丸山真男说的那样，筧克彦等人的“自由意志说（凭感觉）”思想，对动员战争起了很大的作用。但是，一旦战争结束，在追究战争责任人的条款方面，却找不到很适合的部分来追究他们的责任。

东京大学法学系的老师，像蜡山政道、矢部贞治等担任过近卫文麿内阁顾问的人都已退出了政界。但是，靠语言的微妙变化驱使别人上战场的人，结果都没有公职追放①。丸山真男就曾写过这种模棱两可的情况。

① 公职追放：指 1946 年 GHQ 备忘录施行的对战争责任人、国家主义团体干部等支持战争的公职人员罢免的政策。

佐高：是的是的。“没有爱的人生会变得黑暗，没有汗水的社会会变得堕落。”这是野中广务说的话。真是直击人心啊。我认为这个系谱一直延续到了相田光男。

如果非要有什么话对现在的年轻人说，那就是若与相田光男有牵连，就意味着对自我的裁决。与相田光男扯上关系是万万不行的呀。

加藤：我也有同感。尽管如此，最近如果有经营者说爱读相田光男的书，就会引来求职的学生，所以他们正在烦恼下一次说喜欢谁好呢？

佐高：或许会说安冈正笃之类的吧。

修行团不断向大企业传递的感受

佐高：在大企业，现在还存在修行团的禊濯研修的场所。

日立、东芝、松下电器（现在的 Panasonic），或者住友之类的企业是禊濯研修最兴盛的地方。

加藤：制造业真多啊。

佐高：是的。很大意义上是在给制造业的蓝领管理层洗脑。不是给全体职员，而是挑选出来的精英。

加藤：这样啊，往往蓝领中有朝气的领导者，也能成为工会的领头人物。因此，让蓝领中的精英们融入到公司里来是很重要的。原来如此。

佐高：按理说，他们会把自己看成特殊人物。这正是丸山真男和小林秀雄的分歧点。我认为这会驯化蓝领。

日立刚好成为一个完整的企业的时候，三好彻写过一本叫《白天的迷路》（文春文库，1991 年）的小说。就是以日立为原型，以 IBM 的产业间谍事件为题材的。

为什么三好先生要揭露日立的内幕？因为三好先生朋友的儿子进日立后，作为一个新员工，需要经常参加工会的集会。仅此一点就需要注意了。后来，在他去公司的时候，因为开着宿舍的衣帽柜，就被传唤问话了。这么一个体育部出身的开朗的青年，转眼间就变得很奇怪，最后神经衰弱自杀了。因此，他在小说中写道，这种事情是不可原谅的。

对监管人的公司一方来说，他的确也是想进行思想善导来着。

加藤：确实没有恶意。是想救他……

佐高：是的。前几天去按摩，明明我觉得右侧肩膀疼，被却告知左侧肩膀更僵硬。被提醒说："左边已经僵硬到感觉不到疼痛的程度。" 就像他说的，如果自己仍能感受到疼痛那就还好。最严重的患部是就算按压都感觉不到疼痛。

加藤：当事人是不会注意到自己公司里哪里奇怪的。

佐高：忘了是什么时候，我在横滨的市民讲座上说了这件事，有一位母亲说："我的儿子在东芝上班，没有听过这样的事。" 总而言之，她说我在胡说八道。我说："那只是你不知道罢了。" 她十分生气。对于母亲来说，儿子能进入东芝是让她自豪的事。而我却伤害了她的自豪感。一个人的自豪感真令人费解。

总之，修行团这种形式的法西斯主义没有消失。至今仍然存在。

有组织的法西斯主义和相互监视的社会

佐高：提起公司的法西斯主义，“职工宿舍”经常使我觉得可笑。让在同一个公司工作的人住到一起，在其他国家是没有这种体系的。总之，它无时无刻不在掌控着你。我常说那就是以职工宿舍为名的奥姆真理教道场①。(笑)

以前听深田祐介先生说过一件事，他说自己有一天身体不好就没去公司上班。

加藤：深田先生当时在很景气的日本航空工作吧？

佐高：深田先生刚想要下楼散步，发现太太们正围坐一团在闲聊。“您今天休息吗？”太太们问，眼睛里已经充满了责备的眼神。深田先生心里很厌烦，就又回到了自己的房间。这就是“公司雇用的一种苦恼”，明明没有拜托别人来关心自己却变成了这个样子。这也是一种法西斯主义。

加藤：这也是一个过度监视的社会。

佐高：是一种比奥姆真理教还厉害的思想控制在作祟。

---

① 奥姆真理教道场：是日本一个以佛和瑜伽为主的新兴宗教教团，也是日本代表性邪教团体。

加藤：好像公务员的机关宿舍也是这样。我在山梨大学的时候，有一个古老的独家住宅，听说是我出生前一年的建筑。有人问我那个和稍微漂亮点的集体住宅，用来做机关宿舍哪个更好，我选择了古老的独家住宅。我都是在大家还没睡的时候就睡觉了，所以不太可能和集体住宅里的邻居们有所交往。

后来想真是太好了。我听其他人说，所谓的集体住宅的公务员机关宿舍，不仅仅住着大学里的工作者。在省厅的地方局上班住在山梨的人都一起住在这里，集体住宅的辛苦可想而知。正因如此，我才会被挖苦说："你家丈夫今天还在家里待着吗？"大学教师的夫人们大多很悠闲，尽管如此，她们也会因为在邻里交往上耗费精力而发牢骚。

佐高：大家都在职工宿舍，全公司的选举也变简单了。某人当上候选人，自然会被算上两票。然后就要一起参加选举的声援演说。如果不是这样的话，就会有人提出质疑："为何你夫人没有来呢？"

曾在日立公司的浅川纯写过一本小说叫《我们公司的旋风》（新潮文库，1995年）。写的就是公司的选举内幕。

加藤：在出版的时候没有压力吗？

佐高：当然没有公开写是日立公司。

加藤：这样啊。是以虚构的形式写的啊。

佐高：是的。因此，我在其他地方都会解释说，这部小说实际上写的是在日立公司真实发生的事情。

法西斯主义的新温床——网络社会

佐高：还有社长的训词、公司司歌之类的。松下电器让员工唱公司司歌，结果这种举动在外国的工厂，像墨西哥之类的地方遭到了强烈的反抗。

加藤：在墨西哥的工厂也唱公司司歌吗？

佐高：是的。因此假设八点半开始上班，为了开早会需要八点就要来。当然，这段时间是没有工资的。

加藤：在海外这不适用吧。

佐高：这一点，本田宗一郎说过，在海外建厂，不是去人家家里示威游行，并不需要悬挂太阳旗。这和丰田的想法正好相反。

加藤：我对这些公司的事情完全不知道。

佐高：大家都对此不太了解。左翼知识分子并不知晓公司的实际情况，虽然他们标榜只要体制被推翻一切都会变化，但是他们真的不清楚公司的具体情况。我确实也是如此。

我认为这才是公司一决胜负的地方，因为要想在公司这个组织生存下去，就要像丸山真男所说，必须抛弃大脑中已有的东西。

加藤：啊，原来如此。

佐高：所谓公司，所谓现实的社会，并不是依靠理性思考再得出正确答案这样运转的。也就是说，无论外界怎样形容它是“如此如此”的，那都不是真实的。

我希望很多人能去阅读经济小说和企业小说，是因为他们阅读这些小说至少能了解这个实体。

加藤：如今已是21世纪，在网络社会很容易就能看到所谓的草根法西斯主义。网络里有不进公司的人和进不了公司的人，虽然他们不属于公司这个社会，但是这个世界已经变成能通过网络进行热烈发言的社会，我们在这样的社会生存着。

例如，采访过在特会成员的一个新闻工作者说，这个成员实际上是一个表面看起来很温和的人，通过这个市民会才发现了“团结和合作”的所在，所以也参加了这个市民会。我认为这是难能可贵的。我想，没有其他值得去的市民会了。它和以前《家庭之光》的号召力旗鼓相当，难道不是吗？

佐高：因此都没有人愿意踊跃挑战去“乳和蜜”的地方了。只是，人在得到什么的时候，也会相应失去些什么，自己的既得利益也会受到侵犯，或许是这种意识增强了。从这个意义上来说，人对于平等这一概念有本能的反抗。

加藤：正因为我们弱小，是孤立的个人，我们才会去寻求团结和合作，才会排外。也许是因为团结和合作以前被左派独占吧。总之，我觉得这是在向“平等”进行无条件反抗。

有一位有名的博客主叫小饲弹，博古通今、言论很开放。有一次，他在博客上赞成了一种基本收入论，即生为国民就可以每月得到5万块钱。我记得有很多人反对他。

总之他提倡，大家人人平等，我们可以从富裕的人那里获取钱财。大家并不反对从富裕的人那里获得钱财这一点，只是讨厌从最一开始就平等地给予。

佐高：与其从获取的地方感受到意义，不如对自以为拥有的东西和不想失去的地方进行思考。那里总让人觉得确实有东西难以从“不幸的均沾”中脱身。

第五章

外交和国防的距离

寻找和平与经济双赢的道路

自卫队在保卫什么？

佐高：这一章是军事和防卫的话题。

栗栖弘臣在《创建日本国防军吧》（小学馆文库，2000 年）一书中说道：

> 都说自卫队在保卫国家，但是很多人误以为它在保卫国民的生命和财产。政治家和大众传媒也往往使用这样的语言，但这是误解。如果发生战争，自卫队员必须先去送死。自卫队员也是国民的一部分，这与保卫国民的生命和财产是自卫队的职责，是十分自相矛盾的。

那么，他们要保护什么呢？

栗栖说，“自卫队法上也写着，它保卫的是国家的独立与和平”。国家是什么？国家是“以天皇制为中心的有着国家固有国情的家族意识和国民意识”。

加藤：国情的实质，几乎和国体的定义一样。只是加入了家族这一概念。

佐高：是的。高桥哲哉先生指出所谓国情就是以前的国体。这也是进行革新的人的误解，或者更确切地说是推进和平运动的人的误解。我经常向年轻人发泄道：在军人的脑子里，国家并不等于国民。

加藤：您说的栗栖先生，是陆军大学校出身的那位吗？还是陆军士官学校出身的？

佐高：他原本是海军军人，后来当了陆军幕僚长，再后来当了制服组的最高统合幕僚会议议长。1978 年，他做了个“超法规发言”：如果没有“有事法制”①，在被侵略的情况下，自卫队就会不得不做出超法规的行动。为此，他被当时的防卫厅长官金丸信免了职。

加藤：原来如此。这个发言是在 20 世纪 70 年代吧？

佐高：书在 2000 年出版，他死于 2004 年。由此看来这个发言恐怕是在 20 世纪 70 年代。总之令人奇怪的是，大家如今依然对“田母神演讲”② 感到惊讶。在自卫队中这并不是什么特别的发言。

加藤：如今，自卫队通过救灾活动等加强了对国民的救助，这是好事，但是日本在战前，“国防”和“防空”是严格分开的。军队应对的是外来的攻击，空袭时与国民相关的一切都属于民防防空。内务省感觉自己很厉害，不用把民防防空交付给军队，而是自己组建了防空团、消防团。

结果，消防厅虽然在总务省的管辖下，但是到现在都是个独

---

① 有事法制：指在国家受到侵犯时为了给自卫队在行动上的法律依据而制定的法制。

② 田母神俊雄：修正主义的代表人物，曾因否认侵略历史，美化日本侵略罪行而引起巨大争论。

特的组织。海上保安厅也在国土交通省之下吧。这还是继承了近代以前乃至近代的制度，不过从军队到自卫队继承的部分，和从内务省到总务省继承的部分，依然是分开的。研究者土田宏成关注过这些情况，写过一本很有趣的书，叫《近代日本的“国民防空”体制》(神田外语大学出版局，2010 年)。

佐高：警察说保护国民生命和财产是他们的使命。军方的意思好像是，既然如此那你们要履行好使命，我们还有更大的事要做。

加藤：原来如此。

佐高：1933 年（昭和八年）发生的交通信号事件，让军事当局和内务省对立起来，警察指责军人无视交通信号，他们之间一直僵持着，最后发展成了军方和警察争夺面子的态势。

丸山真男也写过此事，那时人们反应如何呢？都表示支持军人。那一年是九一八事变的第三个年头，是个非常时期。

军方利用人们对警察印象不好这一点，在不断地发展实力。

结果，军队在战争的时候也没能保护我们。苏联参战的时候最先逃跑的就是关东军，他们没有保卫任何东西，包括侨民的生命财产。但是如果从“军队的职务不是救济老百姓”这个制度上来考虑，就会明白了。

只不过大家从来没有怀疑过国家和国民不在自卫队的防卫之列。从制度和历史的角度都很难看到这一点。

加藤：关东军司令部中枢的参谋，在苏联参战前已经和家人一起率先逃跑了。日本人对军队感情冷淡，恐怕这就是起因吧。

只是，苏满“国境”沿线的军队从 8 月 9 日开始殊死搏斗了两周左右，在那场战争中死伤和被俘的人数目惊人，极其惨烈。

自卫队对外交的感觉

佐高：顺便说一下，栗栖这样评价天皇：

天皇是国家和国民统合的象征，这一规定模糊了天皇的元首说。结果我国是君主立宪制还是民主制就有了争议。然而大多数国民都坚信天皇才是日本的元首，认为外国也理应是这样的。虽说要制定宪法，但是有着悠久历史的信念和习惯，与英国的不成文宪法一样，是宪法的基础。

加藤：啊，连英国都被搬出来了。

佐高：恩。他还说：

自卫队为谁尽忠？他们绝不是为贪赃枉法的总理卖命。20世纪50年代，我去同为战败国的（旧）联邦德国的时候，德国人感叹说，真羡慕日本人，战败后保留了天皇制，而德国什么都没有留下来。

加藤：有德国人会这样说吗？

佐高：他接着说：

二战后我国的家庭教育崩溃了，学校教育又以讨好学生为主，所以国家的教育目标无论如何是不可能达成的。第一，教育基本法的目标本身不是在培养国民，而是要改成以个人的自由为对象。

还有：

议会没有预料到对法开战，所以没有通过增加军费预算案，这个时候普鲁士首相俾斯麦，违反宪法独断专行，执行军费预算长达4年之久。真够无视议会的。

加藤：这大概是19世纪60年代的事。

出台《日美防卫合作指针》，也就是所谓的《指导方针》是在1978年吧。在那之后，在1997年，20年后，又出台了修订版的《新指导方针》。制定这个方针的主要成员是日美安全保障协议委员会，就是常说的“2+2”，美国那边是国务长官和国防长官，日本这边是外务大臣和防卫大臣。

我顾虑的是，战前苦于统帅权独立的日本，外务和防卫之间能否可以好好合作？这叫文武之间的合作吧？甚至连美国的国防长官都没有告诉过驻日大使莱斯豪尔，他们的船载着核武器回到了日本。据说莱斯豪尔也冒着辞职的风险抗议过。

而且，在1960年的日美新安保条约中，经济项的第二条与日本宪法九条都向世界宣称，日本走的是和平发展经济的路线。在军事同盟中，日本是个拥有经济条项的国家，这个暂且不提，文与武之间的相互合作应该是不可欠缺的部分。防卫省也这么想吗？这是一个大问号。

另外，为了对应朝鲜和苏联，除指导方针外，1969 年的美国归还冲绳时佐藤荣作首相的声明等，属于条约以外的部分，声明中还增补了台湾地区有关条项、韩国条项等重要内容。因此，当我读了栗栖写的东西，觉得既十分可笑又十分可怕。

佐高：也就是说，普通国民不认为自卫队是军队。细细想来，如果成为刚提到的“同盟”，还有一个背景，就是自卫队只要不被看成军队就不能发展壮大，只不过是用声明来蒙混过关而已。

加藤：我想是这样的。外务省所谓的“密约”问题备受关注，美国到 20 世纪 80 年代左右都一直在跟踪记载战后的日美外交。

很多事情得以明了了。例如按照非核三原则，密约成了个问题。不是核武的问题，而只在于一旦朝鲜半岛和台湾海峡有变，美军能否使用日本基地的问题。1969 年 11 月，在佐藤和尼克松的会谈上磋商了美国军机如何从冲绳起飞轰炸朝鲜半岛的问题。

虽说拥有核武，但是按照美国的想法，船运或停泊式的拥有核武已告终结。问题只在于地上核武的部署，虽然语言相同，但是有可能议论的对象是不同的。自己束缚在一个什么样的同盟内，我认为防卫省内部和制服组的理解是不同的。

佐高：自卫队的外交，不是以美国可能成为敌对国为大前提的。但是我认为这必须是一个假设。因为把曾经被称为“魔鬼美英”的美国突然变成友好国，而绝对不敌对，是不可能的。栗栖自身也似乎这样认为，他说这是在政府、政治家的误解和歪曲下行动的。

加藤：是的。当朝鲜攻击原子能发电站的时候，应该如何应对？官房副长官石原信雄回忆说，1993 年细川护熙内阁时就提出了这个问题。内阁没怎么把这个问题放在心上。

反过来说，栗栖一直以来的想法是，拼命挣脱日本的家族意识、固有的国体、悠闲的时代背景等。因为这个时代也是美国的军事战略在某种意义上偏向像星际大战一样的空中战的时代，所以军事战略是有可能的。因为 MD（导弹防御，Missile Defense）路线等在宇宙空间中会被击落这一想法，美国才制定了这一战略。

如今必须稍去想一下栗栖的言论，因为现在的状况是中国的空军和海军正在认真研究西太平洋。中国在 MD 时代想一下子回到 50 年前，当时是以航母为中心的 20 世纪前半叶的战法。无论是洲际弹道导弹还是 MD 什么的，都是近海的航母。

技术力量不用说，拥有压倒性军事力量和人力资源的国家，在决定战场和战斗力种类的时候，无论美军还是自卫队都要被迫做出不同于以往的对应方案。应对中国在西太平洋上的行动，或许应该参考一下战争前期日本海军南进时的想法。

重走万隆路，有没有未来的关键是什么？

佐高：外交上的冲突基本上是从经济开始的。

我们一旦对中国进行经济封锁，那么日美经济谈判就会到达白热化的程度（实际上有没有冲突另当别论），这个时候我们要想到，美国不总是友好国，不总是绝对友好国。不然就太奇怪了。

加藤：据说海上自卫队、航空自卫队和陆上自卫队这三军和美国交往的深度好像有点不同。海上自卫队和航空自卫队不会不和吧？

不过，考虑到西太平洋的紧张局势，我认为美国不能没有日本，是绝对不能离开日本的。

佐高：日本不看局势，而是在心情上处于亲美和反美之间，动摇不定。

例如，如今美国的国债，中国买得最多，而就在前不久是日本买得最多。桥本龙太郎只是说了声中国买美国国债是受到日本想卖的诱惑，日本人就摇摆不定了。他们在经过一番思想斗争之后，就真有可能会卖掉。不过日本人还是在心理上认为在债权国方面比中国更厉害。

加藤：20 世纪 80 年代是这样的。不过就像索罗斯感慨的那样，如今的状况是不可能再有收益高的股票了，此时在经济上持有美国国债，意味着什么？这也是重点吧。

佐高：国债，现在卖也卖不掉。

加藤：是的。反过来说，佐高先生您对美国和日本的关系有什么样的印象？

佐高：虽然听起来像梦话，但是我觉得不太可能重走万隆路。

前一段时间我和寺岛实郎先生交谈过万隆会议①。那个时候中国还没有这么强大。他说，以前我们的外交路线不偏向美国和苏联任何一方，现在变成了不偏向美国和中国任何一方了，要重新思考一次这条路线。

加藤：他还说，他自己认为小泽先生式的外交路线很好。有第七舰队就好了，如果有现在的军事技术应该没有必要在普天间基地②部署军事基地了。在军事上这一点，美国无论如何都要牺牲冲绳的做法实在令人气愤。

假想50年后，美国的实力已经衰退。恐怕是印度、中国和俄罗斯这三个大陆帝国拥有实力，这是必须考虑的。那个时候会让人感觉到，日本和美国两个太平洋两侧的临海国家正好起到三个帝国间平衡器的作用。

佐高：我这一代，大家都说中国实力强大，但说实话还不是最好，我们还依然跟着美国，这让我感觉我们对美国的评价过高了。

加藤：啊，原来如此。或许的确是这样。我觉得，如果中国不再使用反日等排外主义的标语而是实现国家主义统治，其经济进一步增长的话，就有可能成为实力最强的国家。

日本也明确表示，迫于财政压力不得不削减军费，不再搭乘美国的MD战略，不再购买战斗机。

---

① 万隆会议：1955年4月18—24日，29个亚非国家和地区政府代表团在印尼万隆召开会议，讨论民族独立和发展，抵制美国和苏联的殖民主义和新殖民主义活动。

② 普天间基地：是美国驻冲绳海军陆战队的基地。

日本在某种程度上采取措施来缓和中国感到的危机感，中国也建立了制度化的民主政治，如果满足这两个条件，可能会是个机遇。在这种情况下，或许有可能重走万隆路。

中日关系恶化的背景

佐高：日本和中国的外交问题突然大受关注。藤田公司的员工被中国政府拘留，中国渔船在钓鱼岛海域与海上护卫队的巡洋舰发生冲突，还有冲突影像流出的问题，引起了非同寻常的骚动。

听说中方自然不认可前原诚司做外交大臣，不过在这之前，对民间商人丹羽做驻华大使也没有兴趣。

加藤：丹羽宇一郎先生，是伊藤忠商事的会长兼社长。

佐高：听说他对中日贸易非常积极，与中国谈判的经验也非常丰富。但是中国认为，让一个商人头目代表国家去当大使不成体统。中国人非常看重面子。对方高层的说话方式是“二阶俊博先生对于这次事件是如何考虑的”或者“野中广务先生是怎么看的呢”之类。

加藤：二阶先生是自民党中最忠实的亲华派。

佐高：没错，二阶俊博是前经济产业相，还曾经是小泽先生的心腹。是个利权派，可以说给人一种“卑鄙的鸽子”的感觉。

加藤：确实是个卑鄙的鸽子。

佐高：菅直人曾说过十分讨厌他。事已至此已经无法低头认输了。政权交替带来的后果就是由丹羽出任大使。

加藤：话说丹羽出任大使不是在鸠山时期。那么这到底是谁的路线？

佐高：是冈田克也。

加藤：不是小泽先生吗？

佐高：不是小泽，是鸠山或冈田的路线。嗯……就是冈田。

加藤：那么，和小泽先生带领 140 名民主党议员的那次朝贡外交没有关系了？

佐高：没有关系。不如说正相反。从稍稍偏袒小泽先生的立场来考虑，小泽先生可能想消除那个路线。

外务省中，现在亲华派和亲俄派的势头稍微弱了些。在铃木宗男和田中真纪子的问题上，喜欢也好讨厌也罢，都是美国当局得势时做的事。

加藤：这么说来，首先是从丹羽先生那里开始出现分歧的吧？

佐高：是的。有人建议让加藤纮一当中国大使，但是菅直人没有这个智慧。

加藤：是的。

昭和时期也是如此，存在两大政党体制，比如币原外交和田中外交等，一直就被冠以对立之名，各自外交中的优点都被遗忘了。币原外交强调对外要合作但经济外交要强硬，而田中外交则秉持对外强硬与进行柔和经济外交的原则。怎么样才能实现对外合作和柔和的经济外交的强强联合呢？关键就在这里。

在民主党政权之下，也可以继续实施二阶先生和福田康夫先生的对中路线。不过，小泽事务所的经费被自民党诟病的时候，如果民主党考虑到对抗措施来筹措二阶先生提出的经费问题，政策间是不可能联合的。

佐高：嗯。轮流掌握政权是必要的，但是作为它的负面却经常不能继承其中的智慧。对照历史，有不得不改变的事和不能改变的事。

加藤：是的，有不能改变的事情。

佐高：依照自身情况是正在改变。和对方没有关系。

因为我没有直接见过丹羽先生，他是什么样的人呢？中国被称为华侨之国，但还是个文人之国。所以，虽然在进行外交谈判，但是内心却不能摆脱他是商人角色的印象。

加藤：让他来做大使可以说是不当的安排。的确如此。

佐高：比如说，二阶来的时候，要听听他的意见，相反，如果不是这样，就不听任何人的意见。前原什么的就更别提了。

加藤：完全认识中国果然很困难。或许还有人说中国是儒教之国，商人是不行的。

我读过周恩来和基辛格的对话录①，在中美邦交正常化的实务对话中，无论是哲学的对话也好，历史的对话也罢，恐怕都是在试探对方的头脑和度量。

还是第一次读到基辛格看起来愚蠢的对话录。周恩来真是个厉害的人物。

佐高：提到日本，大家都说二阶是个卑鄙的政治家。在我看来，连伊藤忠商事都是个不知道在干什么的公司。日本人一般认

---

① 毛里和子、增田弘监译：《周恩来基辛格机密会谈录》，岩波书店 2004 年版。

为大公司、大商社的最高层在谈判方面应该没有不足，但是日本的标准和对方不同。价值观不同，印象也自然完全不同。

还有一点我认为也应当注意，就是在这次的对日抗争中，民众希望军队出兵，这才是最可怕的。

加藤：听说是有民众希望军队出兵。

佐高：是的。原本军民之间并不算和谐。

中国对联合国维和部队的贡献

加藤：东京大学有一位专门研究亚洲国际政治的专家叫川岛真。是个很年轻的学者，他的《中国近代外交的形成》（名古屋大学出版会，2004 年）获得了三得利学艺奖。他是最早最多阅读过中国大陆和台湾地区交流的原始材料的日本学者，中文也说得很漂亮。

他说中国对联合国维和部队的贡献比较大。您知道维和部队里人数最多的国家是哪个吗？

佐高：不知道。

加藤：我也觉得很意外。在联合国的主页上每个月都会有所谓贡献的数据，里面说，2010 年 8 月，孟加拉国有 1 万人，巴基斯坦有 1 万人，还有印度、尼日利亚、埃及、尼泊尔、约旦、加纳、卢旺达、乌拉圭、埃塞俄比亚、巴西、塞内加尔、南非、中国均有贡献。

靠近纷争地区比如阿富汗，多是由孟加拉、巴基斯坦、印度等周边国家派兵维和。靠近中东的话，约旦比较多。

在发展中国家中，从关乎他国的贡献度来看，巴西和中国比较高，中国有2008人。这很重要。

作为一种看法，海湾战争也好，阿富汗战争也好，伊拉克战争也好，美国在军事方面采取单独行动主义是理所当然的。德军和英军，在军事技术方面和装备方面都无法达到美军的水平。连NATO（北大西洋公约组织）都无法与美军媲美。但是，无法想象要通过PKO[①]打造装备精良的部队，不过，中国军队的优势是，它在某种意义上通过采用和美国并肩的标准化装备累积了实战经验。

美军和自卫队如何实地防御对日本本土的攻击，防卫省的制服组等是不能想象此种合作景象的，相反，中国在实际战争上和美国有过沟通。我认为日本应当更加注意这个事实为好。

《禁止地雷条约》和废除地雷运动

佐高：听了刚才您的话，我想起了废除地雷和废除集束炸弹的事。据说《禁止地雷条约》生效是在1999年3月，我是从目加田说子女士那里知道的，美、俄、中没有缔结这个废除地雷的条约。在进行过废除地雷运动的人看来，美国、俄罗斯、中国都

---

① PKO：日本于1992年通过的《协助联合国维持和平活动法案》。

是“无赖”国家。

我觉得这个废除地雷运动很有意思，美、俄、中都没加入，挪威和加拿大成了中心，这在某种程度上是在草率行事。

加藤：是的。

佐高：因为这个草率行事，实质上导致美、俄、中三个“无赖”国家也不能使用地雷和集束炸弹。奥斯陆会议、渥太华会议成了起点，但是加拿大、挪威却出现了政府和 NGO（非政府组织）合成一体的情况。

久野收先生一直在拼命思考这些事情，他深深地感慨道：“啊，这些事情会成为现实的吧？”

就日本来说，外务省还是向着美国的，所以一直看着美国的脸色，如果美国不加入怎么办？但最终，小渊惠三时期还是下决心废除了地雷，福田康夫时期废除了集束炸弹。

加藤：是的，最终还是废除了。

佐高：这就意味着，虽然一般认为中美不作为就什么都不能做，但地图正在一点点变化。也有动态表明不是如此，这一点非常重要。

冲绳问题和美国的情报机关

佐高：有个词叫“关怀预算”。指日方负担在日美军驻扎的经费，使用“关怀”一词是打算用来缓和国民的反感，这是极其日本式的想法。

加藤：这种表达实际上令人厌恶。结果这也是在日美贸易摩擦的“牛肉、橘子”[1]之后硬想出来的词。

最初，在1969年佐藤荣作内阁时期，在所谓“线和绳的谈判”，即谈判纤维贸易和冲绳返还的时候，尼克松考虑到渴望获得美国南部大量选票的想法，向日本的纤维出口提出要求赔偿损失。以此作为交换条件，实在是可恶。

美国这个时候正在打越南战争。这个战时缔结的条约，在运行的时候，经济方面的案件以美方的要求临时加入，这是安保第二条经济条款的实态，如果真是这样就麻烦了。

佐高：最初去冲绳就被带去看过美国的基地，首先感觉违和的是，在基地铁丝网的外侧，写着“CAUTION”字样，是写给冲绳人也就是日本人的。意思是冲绳人生活在这里，要小心。这个词不应是说给当地人的，而是基地内的人要注意才是。我想这个“CAUTION”应该是挂反了位置吧。

加藤：应该是美军的围墙内侧写着“CAUTION”，我们这边应该是“立ち入り禁止（禁止入内）”“オフリミット（禁止入内）”之类的。

佐高：是的。对外至少要说日语的吧。

加藤：美国在进行最大地面作战的时候，如何在混有各种感情的地方设置军事基地这个非常重要的存在，是极其迟钝的。

---

① 牛肉、橘子：20世纪70年代后半期，日本对美国彩电和汽车等产品出口急剧扩大，出现贸易摩擦，之后美国为扩大对日本的出口，要求日本开放牛肉、橘子等市场。

事实上，做过国防部长的麦克纳马拉等人在刚公开的外交记录上叙述道，日本袭击过珍珠港，所以冲绳是罪魁祸首，等等。美国在思考这个罪恶的等价交换。

那么针对必须用各自民族的语言书写“CAUTION”一事，美国谍报机关的情报分析和对应不是太迟了吗？这种广义上的情报机关，我们在电影上接触过 CIA（中央情报局）和 FBI（联邦调查局）等，所以很容易认为美国在情报方面是最厉害的国家。

可是话说回来，若是回到第一次世界大战的时候，美国好像已经是“不断泄密”的国家了，照这样下去可不行，所以匆忙从 20 世纪 30 年代后半期开始认真对待起来。

日本在战争前期，怎么也解不开苏维埃的密码，波兰和日本就开展了有关解码的军事合作。到 20 世纪 40 年代，已经基本掌握了破解苏联密码的技术。这些技术全部被美国吸收是在第二次世界大战中，或者说在第二次世界大战后。

佐高：这么说，美国这个国家和军队某种程度上算是在紧急制造了？

加藤：我想可以这么说。

佐高：还是英国等这些大陆国家有历史年头，历史上还会出现詹姆斯·邦德，但是美国并不是这样，稍显不成熟，对吧？

加藤：MI6（英国陆军情报六局）日前第一次发布了从 1909 年到 1949 年的正史，萨默塞特·毛姆等人好像也正式认同了 MI6 的做法。

美国是在大萧条之后也就是第一次世界大战后兴起的国家，如果德国、意大利、日本是 20 世纪 30 年代的新兴国家，那么可以肯定太平洋对岸的美国，在这个意义上也是与反战联盟和国际联盟背道而驰的国家。

但是想想，美国最后一次战争的胜利（对于胜利虽然是有疑问的）止步在了朝鲜战场上。

针对大战后日本进行的俘虏讯问，在《特雷西》(讲谈社，2010年）一书中，有位名叫中田整一的NHK① 制作人有过叙述，他说关押远东国际军事审判的战犯的房间被频繁更换，是故意把A级战犯和新来的年轻人放在一起。然后通过挂在墙上的窃听器来监听他们间的对话。连这种事都做得出来。

这意味着，美国的情报机关，能在多大程度上破解苏联和德国的密码是个很微妙的问题。这应该是英国的贡献比较大。

佐高：即使是CIA，其做法也有点粗暴。如果美国再稍微擅长一点情报的话，可能会扭转乾坤。

加藤：是的。这个“泄密”的美国在几十年之后来到了日本。在签署《安保条约》和20世纪60年代的《新安保条约》的时候，美国在打朝鲜战争和越南战争。美国的标准其实是与日本本土一样的，但是只有冲绳原样保留着战地标准。日美行政协定、地位协定及其名称，都是在《安保条约》和《新安保条约》下变更的，但是与在菲律宾基地的美军权限相比，冲绳美军的权限更大。

在很多意义上冲绳都保留着与美军畸形的关系。我认为真的有必要对柏林基地、首尔基地、菲律宾基地等基地进行比较基地学之类的研究。

---

① NHK：日本放送协会，是日本第一家根据《放送法》而成立的大众传播机构。

中国社会的奥秘

加藤：无论是对美国还是法国或别的一些国家，内部都是有矛盾争执的，比如对外不一致等，就有可能引起反政府运动之类的事。

但在日本，即使争执，比如虽然说条约派和舰队派在海军中有争吵，但是也没有耽误对美开战。在国家前进的方向上没有产生负面作用。

这是为什么？实在令人不可思议。日本党派的对立、势力的对立、内部对立为什么跟对外的反战、反政府运动没有关系？恐怕是因为在日本没有“社会”这一概念吧。

佐高：这也就是汤浅诚等人说的“原因”吧。所以即使是遗留在中国的孤儿，也会为我们照顾的。

加藤：还是没有“粘贴处”这样的地方吧？

佐高：中国不管怎样都是个成熟的社会。可以说是“大人”了，在这点上可以说，日本作为国家的历史虽然还可以，但是不算是个成熟的社会。

加藤：的确让人觉得日本是个成熟度不够的社会。

熊猫外交和乒乓外交

加藤：有个词叫“熊猫外交”。中国在1941年向美国的援助团体 UCR 赠送了熊猫，开启了中国的熊猫外交之旅。

佐高：啊，真是够早的。

加藤：有一位叫作家永真幸的年轻研究者写了一篇题目为《南京国民政府时期中国“熊猫”外交的形成》的论文。考虑到基督教的信仰和动物，中国在思考如何与美国合作时，选择熊猫作为亲善大使。

中国赠送熊猫的时候，心里想的是把对方打败吧。熊猫最初来日本是在签订《中日友好条约》的时候，真是意味深长。

佐高：不过，现在中国是在向日本出租熊猫。据说两只熊猫要 1 亿日元。好像石原慎太郎说过在上野动物园再进熊猫之类的话。对方为了亲善友好赠送给我们还说得过去，如果支付这么多钱租用熊猫还是算了吧。

加藤：如果考虑到它的可爱，那和通过裴勇俊一个人戏剧性地改善日本的对韩感情是一样的，熊猫也有这种效果。

佐高：中国的外交，还有乒乓外交。

加藤：是的。中美以乒乓球队的交流为契机，尼克松总统访问中国，促成了中美邦交正常化。电影《阿甘正传》(1994 年)中汤姆·汉克斯饰演的阿甘就是一位乒乓外交的明星选手。

佐高：不仅对中美关系有很大意义，在中国和日本之间其实也有乒乓外交。

我在高中就打乒乓球，所以对此很关心。从 20 世纪 50 年代到 70 年代左右，日本的乒乓球就拥有了世界顶级的实力，在世界锦标赛上获胜的选手辈出。是日本在教中国打球，不知不觉中国变得更强大了。

加藤：啊，我还真不知道。日本的实力很强吗？还教中国打？

佐高：是的。尤其厉害的是男子中的荻村伊智朗，女子中的松崎君代，拿过好几次世界冠军。

这个松崎君代是个很有魅力的运动员，周恩来都曾是她的粉丝。中日邦交正常化之前的世界锦标赛在中国北京召开的时候，虽然作为第一种子选手在决赛中输了，但当时周恩来接见她时对她说“你是最棒的”。

周恩来很疼爱松崎。在周恩来去世的时候，朝日新闻的社会版大肆刊登了对松崎的采访。我也是松崎的粉丝。

中国选手庄则栋制造了中美乒乓外交的契机，连他都觉得荻村伊智朗是神一样的存在。

荻村后来成了国际乒联的会长。当时在他的推动下，朝鲜和韩国联合组队，参加了世界乒乓球锦标赛。而且在女子团体赛中这个朝韩联队还获得了胜利。当时的阿里郎尽人皆知。

加藤：真戏剧化。

佐高：他访问韩国 20 次，朝鲜 15 次左右。普通人是不可能做到的。

加藤：太厉害了。荻村先生已经去世了吗？

佐高：已经去世了。

加藤：太遗憾了。他如果还活着，或许对解放绑架被害人能起什么作用呢。

佐高：是的是的。对于双方来说都是神一样的存在。

加藤：他真有这个水平。

佐高：我想与依赖熊猫相比，人与人之间若能灵活运用这种交流会更好。

第六章

从『诗词』中解读历史

诗歌和无政府主义

天皇御制诗歌中的想法

佐高：这一章我想通过诗歌、俳句、川柳[①]等语言视角来追溯历史。加藤女士您有喜欢的俳句诗人吗？

加藤：我完全不清楚俳句和短歌，硬要说的话就是芭蕉[②]吧。刚好我现在的家就在芭蕉庵附近，所以每天散步都会经过那儿。有人说过芜村[③]能入画而芭蕉不能入画，但是我认为芭蕉这些“不能入画”的句子似乎更有现代色彩。

病生旅途中，梦游荒野上。

这类俳句，在现代人诵读起来也丝毫不觉得奇怪。如果没有前言，怎么也不会想到这是一首江户前期的俳句。这就是超时代性吧。

佐高：相比芜村，我也是更倾向于芭蕉。森鸥外与夏目漱石

---

① 川柳：音节与俳句相同，也是以 575 的形式由 17 个假名组成，是一种以滑稽、嬉戏、讽刺为主旨的诗歌形式。

② 松尾芭蕉：是江户时代的一位俳句谐师的署名，他将俳句形式推向顶峰，以作为俳谐连歌诗人而著称。

③ 与谢芜村：日本俳句诗人、画家。青年时期即为江户俳坛所瞩目，后游历各地，致力学画，声名大震。

相比，我更倾向于漱石。

加藤：我也是这样。

佐高：您认为漱石的诗词如何？

有菊请掷来，吾有棺椁存。

生若有来世，愿为小堇菜。

我喜欢诸如这类的诗句。

加藤：以前，凭借《拥抱家族》（讲谈社文艺文库，1988 年）而为人熟知的小说家小岛信夫曾经说过，漱石的句子虽然是俳句，但却能发人深思，和正冈子规嬉戏而作的连歌[①]等，已经构筑了一个小说的世界，我为这些东西着迷。

今天我想如果能聊聊昭和天皇战前的御制诗歌（天皇所作的诗歌）就好了，是多少留下来一些的。

佐高：哦！怎么突然想起了御制诗歌？

加藤：笠原和夫先生在《笠原和夫——人和剧本》（剧作家协会，2003 年）这本巨著中写到，涉及皇族、宗教、日本共产党的题材通常来讲是拍电影的三大禁忌。虽然他自己写过很多剧本，还都过了审查，但最终因此未能拍成电影。在这些未能拍成电影的剧本中有一本叫作《昭和的天皇》。

这个剧本得到了笠原后代的允许，先前在杂志 *En-taxi* 的副刊上登载过，我读了一下，真是个好剧本。

---

① 连歌：是日本中世流行的歌体，指将短歌拆成 575 的上句和 77 的下句由多人交互吟咏的诗歌。

笠原先生做过海军特别干部练习生，是个战时派，赶上了战败，他认为天皇应该为战争负责，我认为就是因为这个理由，他的剧本才被指出毛病而没能拍成电影，但是这个理由还算是表达得相当隐晦。

根据多方打听到的消息，好像这部应该一路绿灯通过审查的巨著，却被人叫停了。这不得不让人觉得奇怪。

好像有人指出，这部巨著中“连一首天皇的御制诗歌都没有”。这个巨著思考的立场是只有御制诗歌才能表达出天皇的思想，在我看来这很有趣。

说来话长，对日本人来说诗歌具有非同一般的意义，所以要先来拜读下昭和天皇的御制诗歌。

佐高：是吗？是这么个过程吗？

加藤：首先来看他在 1938 年（昭和十三年）新年歌会中的一首。

神社迎拂晓，万物静悄悄；朕愿世间人，亦如此日朝。

作于日中战争开始半年之后。

事实上这首御制诗歌，被美国的新闻记者——当时最畅销作家约翰·冈瑟的著作 *Inside Asia*（《亚细亚的内幕》，1939 年）引用过。这么说来，这首天皇的御制诗歌在第二年就被介绍到了美国。这本书很畅销，也有日译本。几经周折日本的知识阶层也知道了这首御制诗歌的内容。

从这首御制诗歌中似乎觉得天皇对战争的态度与军事当局不

同，让人感到消极，当时的美国和日本高层是知悉这一点的。我觉得应该不是坊间的论调。

佐高：当时，指导昭和天皇作诗的人是谁？皇族在作诗的时候，应该有个卓越的老师在侍讲吧？

加藤：啊，就是说在这个老师提意见的时候已经选好了题材。或者，可能是从定题的时候就开始了。

佐高：是的，我认为这也应当有关系。

加藤：是的。

下面这首御制诗歌写于1933年（昭和八年）3月，日本退出国际联盟的数月之前。

朕祈天地神，世间多平稳；犹如海中波，处在无风晨。

大意是向神祈祷国际关系的平稳。感觉这首诗和下面这首日俄战争开战时明治天皇作的诗有关。

四海情意深，兄弟一家亲；奈何多风浪，滔滔不宁人。

之后，在1942年（昭和十七年）1月昭和天皇又写了一首：

山峰多绵延，乌云罩眼前；但愿劲风至，祈求一扫空。

这首诗写于太平洋战争日本还未大败，美国还没有反击的时候。山峰绵延不绝意味着困难重重。乌云意味着各种征兆丛生，但是从祈求劲风一扫乌云这句可以窥见，他对战争带有某种伤耗的心情，也能读出他对军队的期待。这是在威尔士亲王收到奇袭珍珠港情报不久后写的，像是切中了时代的热点。

如今，总体读来，感觉这些御制诗歌有很多“祈祷”性的语言。

“男性风格”的时代

佐高：短歌自古以来就有《万叶集》[①] 的“男性风格”，和《古今和歌集》[②]《新古今和歌集》[③] 出现的“女性风格”两种。继承正冈子规流派的阿罗罗木派，其特点就是万叶调的“男性风格”。而从齐藤茂吉开始就向着写实的方向发展了。

这个“男性”，也就是说偏向于对男子汉的礼赞，这种趋势与当时的天皇崇拜和鼓舞斗志等有关。不难想象，与柔和的“生命礼赞”相比，这更容易与为国家出生入死的思想扯上关系。

后来成为新日铁副社长的饭村嘉治，也是位诗人，他是名古屋“水瓶”社的同人，曾愤怒地说道，我们自己不赞同杉浦明

① 《万叶集》：是日本最早的诗歌总集，收集4—8世纪中叶长短和歌，与《古今和歌集》《新古今和歌集》并称三大歌集。

② 《古今和歌集》：收和歌一千多首，其中恋歌占近三分之一。与《万叶集》粗放、凝重的风格不同，《古今和歌集》多带贵族化风格，和谐优美。

③ 《新古今和歌集》：由鸟羽天皇主持编纂，是日本历史上颇负盛名的和歌集。

平，在战后表现出一副反战的样子，但是在当时还是作了相当多的万叶调诗歌。

加藤：说到杉浦先生，他在战后主张要对战争责任人严加惩处。根据丸山真男的说法，在战时犯下严重罪行的人，都应该到皇居前广场的松树上吊死。真是危言耸听。

佐高：因为他是个师从土屋文明作阿罗罗木派诗的人。但是饭村并不是批判这种生活方式本身，而是作为同时代的诗人，对诗的姿态、文体感到愤恨。

加藤：对于笠原和夫先生描写的战败后日本的景象以及背负着哀伤的形象，我有同感。在这个意味上，我能理解笠原先生所说的天皇有伦理责任的话。

但是，读完天皇的御制诗歌后，基本上明白天皇在纠结什么，就失望到连憎恨他的心情都没有了。昭和战争前期这个时代的意义，不仅存在于他咏唱的诗词里，还通过诗歌的文体来表达。这种佐高派犀利而公正的观点是可以理解的。这么说来，是谁在指导天皇作诗就更加意味深长了。

佐高：我的看法是完全不公正的。但是，诗歌所具有的魔力是巨大的。

加藤：的确很大。

昭和天皇战后最初巡幸之地是哪里？当然是先去的伊势神宫。他的侍从在战后的回忆录中写道，当时昭和天皇向天照大神谢罪说："虽然我不是战神，但是我还是想向您祈祷让我们取得战争的胜利。"明明是和平之神，却祈祷战争胜利。还听说他念念有词道：春日大社等很多地方都烧毁了，这是受到天谴了吧。

自己到底是站在哪一边的？到底尊崇哪种神？到底在作什么样的诗歌？这对天皇来说也是个大难题吧。

佐高：这个时代已经不是《古今和歌集》《新古今和歌集》的时代了，对《万叶集》的男性礼赞已经到了99%的程度了。在整个背景下就是这样的。

加藤：在这个背景下，他使用了“祈”“思”“海”“朝”等词语。“朝”虽然在万叶集中使用过，但是以什么为题，也是受时代背景影响的吧？

就算是1942年（昭和十七年）天皇的这首御制诗歌“山峰多绵延，乌云罩眼前；但愿劲风至，祈求一扫空”，同时代的优秀军人读后，都会愈发提高抗战欲望的吧。

佐高：嗯，写过《记录昭和天皇》（绿风出版）等作品的田中伸尚说，在所谓杉山笔记中天皇说过“多希望猛烈进攻啊”之类的话。

我认为是因为情况改变了。他以前不是说过“快速平定天下”之类的话吗？结果，却变成了“多希望猛烈进攻啊”。

话说在与谢野晶子著名的反战诗《愿君勿死》中，都有“天皇是不会这么想的”之类的句子。

加藤：是的，这是凌驾在了天皇的感情之上，一语中的。

佐高：天皇深怀慈悲，所以是不会说“去死吧”的，这样一来天皇的形象就受到了冲击。

加藤：是的。而且从天皇自己的语言中也能理解这一点。例如在明治天皇时期，在中日甲午战争开战的诏书中有“百僚有司，宜体朕意”的表述，他写道文官、武官没有区别，全属官吏。

但是，太平洋战争开战的诏书上也使用过百僚有司这个词，而这个词之前是“陆海将兵”。这里或许是因为明治天皇和昭和天皇的立场不同，所处的时代状况不同。明治天皇对军人的偏好很有意思，他既喜欢西乡隆盛，也赞赏三浦梧楼，这些战败之人，都是被主流排斥的人。

佐高：在大塚楠绪子的长诗《参拜百回》中，也是有留条活路的状况。

加藤：政府自身还在裹足不前的时候，会尽量不表达“速战速决”之类的开战言论。据说还不知道日俄谈判是否谈妥了。当然在太平洋战争的时候也是如此，谈判的时间从 1941 年 4 月开始一直持续了大半年，但是政府却没有控制住对美强硬的论调。

昭和天皇的深虑和纷争

加藤：讲谈社打算在 2010 年 11 月出版的第一卷《天皇的历史》系列卷八部分中写昭和天皇。在古代史的记述中是不称呼天皇的。而是直呼其名，比如天智、天武等。但是在近代，很难将明治天皇写成“明治”。

在这本书中我所承担的那一部分，我想用一节内容写拒绝勋章的文化人的谱系、给昭和天皇侍讲的学者留下的文章以及获得学士院奖的学者侍讲时天皇提的问题等。昭和天皇不愧是个生物学家，他提的问题都很有趣。

有位研究中国古代史的学者获得过学士院奖，由于年龄太大，就换了一位研究日本古代史的学者来给天皇侍讲。而天皇的问题非常难猜。学者们事先无法猜透天皇会提什么样的问题，都会很忐忑不安。

昭和天皇，阅读过那位研究中国古代史的老师写的《古代的兵制》一书的内容后，提了一个问题："中国古代有战俘，那么，这些战俘在什么样的契机下会被释放？"这位研究日本古代史的大学者当时写道，昭和天皇的问题是，俘虏相当于奴隶的身份，奴隶难道不是一生都沦为奴隶吗？在中国这样的人曾得到释放？作为天皇，竟然会意识到这些问题。

一想到把BC级战犯遣送到西伯利亚，无论是谁都会黯然神伤的。日本作为国策的战争，却让一部分人为这个错误"买单"，实在是让人费解。据说还有很多人被错认为是BC级战犯而被处刑的。在这些人中，按照笠原和夫的说法，他们都有"天皇陛下，我先走了"的想法。

在学者的侍讲这么一个严肃的空间下传递出天皇谈到战争俘虏的问题，是具有史料意义的。

佐高：大下英治不久前说，高松宫和天皇两个人单独谈过暗杀东条英机的事情。当时天皇问："你还向谁说过吗？"他停顿了一下又说："别说出去！"这表明昭和天皇也并不反对暗杀东条英机。大下出身于广岛，一岁半时他的父亲死于原子弹爆炸，自己也被列入了原子弹爆炸受害者名单。他说："要让社会来处理善后事宜。"

加藤：昭和天皇裁决自己实在不满意的人是在杀松岗洋右的时候。国务长官亨利和首相近卫互相勾结将松岗赶下了台。这次的日美合作真是不可思议。

这件事好像在木户幸一的日记或者近卫文麿的传记中有所记载。第二次近卫内阁进行第三次重组的时候，近卫疲惫地去了皇宫说“真伤脑筋啊，松岗不接受日美谈判下的方案”。于是，天皇说“只要把松岗换掉不就好了嘛”。而近卫应该是被天皇攻其不备了，于是就只好说，“我原本想过只要把松岗换掉不就好了这一手”。

皇宫没有2000年的历史，也没有所谓的“男性风格”，天皇同样也没有，却如此“骨肉相残”当机立断，这一瞬间有点让人大吃一惊。

佐高：在“五一五”事件[①]和“二二六”事件的时候，天皇还说过“朕的股肱之臣”。只要是反扭转局面的革命，哪怕是宗亲都要格杀勿论。但是还是陷入了拥护宗亲陷入“密教”的境地。

加藤：“二二六”事件之前又怎么样呢？高松宫是天皇的三弟，二弟秩父宫备受陆军将帅们的拥戴。也可以说秩父宫曾经是昭和天皇的母亲贞明皇太后最宠爱的亲王。他因为肺结核移居御殿场之前，好像曾多次任职来管理陆军。元老西园寺公望等人也曾告诫过，在皇室家族史中，日本古代弑兄篡位的丑闻数不胜数。

但是在笠原先生的剧本《昭和天皇》中，完全没有写这些皇亲国戚之间的纷争。也许是因为他清楚如果写了就一定不可能被

① “五一五”事件：1932年（昭和七年）5月15日，以海军少壮军人为主进行的法西斯政变。

拍成电影的。

再来说剧本。全剧本是以铃木贯太郎的继室、养育过年幼昭和天皇的铃木鹰子的视角来写的。天皇在皇宫的庭院里散步的时候，看到有像竹竿一样的东西杵在院子里，那是人们用来警示不要践踏草坪的。笠原先生在剧本中描绘了一个将自己的情感移情到杂草上忍受孤独的天皇形象。

《文艺春秋》的特讯中刊登有《小仓库次侍从日记》的史料。其中也有战争即将结束的时候，1945 年（昭和二十年）5 月皇宫惨遭空袭、将近一半被烧毁的详细调查。

据这个日记记载，1944 年（昭和十九年）左右，天皇有两次问小仓："我收集杂草的种子，用心种植杂草这件事，不会受到社会的批评吧？"

皇宫对这种流言和不满天皇的百姓的心情十分敏感，天皇对此也很苦恼。笠原先生好像和东久迩宫有联系。说到有什么样的联系，好像是为"二二六"事件中被处罚的将校们举办家族会的河野司先生在牵线搭桥。笠原先生好像通过东久迩宫听到了很多传闻。寄情于杂草的天皇形象似乎就是从这里获悉的。不仅如此，战后还出现了许多关于天皇的专题报道。

短歌和俳句与秩序之间的关系

加藤：在皇族人员中有写俳句的人吗？

佐高：没听说过。有新年歌会①，没有新年俳句会。就拿围棋和日本象棋来说，下围棋的人看起来很高雅，但是一说到象棋，就给人一种平民玩的游戏的印象。短歌和俳句也与之相似。

为了不引起门外汉的误会，我认为俳句和短歌的差异性在于是否有秩序或者是否和秩序相关。例如，就没有像种田山头火或尾崎放哉这样的歌人。

加藤：确实是这样。虽然放哉的亲戚朋友全是高级官僚，但是他晚年将近一年不和其他人联系。山头火则和家人保持着若即若离的联系，长期流浪。诸如此类放荡不羁的人，是不会想起他还有个诗人身份的。

佐高：相较而言短歌也许与秩序的亲近程度更高。因为这种诗歌的文字多，富有说明性，能够产生秩序。

据说川田顺之所以辞掉住友的常务理事一职，是因为和“二二六”事件中帮助叛乱而被问罪的齐藤浏有关。因为他们是诗歌上亲密的朋友。即使是扰乱秩序，也是诗歌与秩序的关系更大。

加藤：正因为有很大的关系，朋友被视为叛乱同党的那一刻，他自己也从公众视野中隐退了。

我曾调查过大量移民“满洲国”的长野县下伊那村。那里的公民馆里保留着许多齐藤浏诗歌的匾额和墨宝。齐藤在“二二六”事件中因为支持青年将校而被以利敌罪问责。长野是松本中学的所在，所以他最后就逝世在了长野。

佐高：一方面是体制在推举天皇，另一方面叛军也在拥戴天

① 新年歌会：日语写作“歌会始”，指每年新年伊始在宫中举办的以发表分享短歌为主的诗词会。

皇。总之，都不过是在争夺天皇。我知道“不过是”这个词会引起不满的。

加藤：与谢野晶子的时候写写诗也就算了。但是这次听说已经演化成要占据皇宫的地步了。

佐高：如此想来，比起短歌加藤女士您更热衷于俳句吧。(笑)

加藤：什么意思（笑）？不过试想一下575这17个假名的俳句世界和31个假名的短歌世界哪个更具格律？也许是17个假名的俳句吧。再看川柳，比如鹤彬的川柳很有力量。

削去手与足，圆木回故乡。

把如此沉重的题材用575的形式作为川柳，真让人惊叹。我认为这既新颖，又能作为了解时代特征的有说服力的资料。

川柳中体会到的女工像

加藤：举个例子，现在大学里学习经济史的学生们也会学《女工艰辛史》，也就是讲述做手工活的女性工人。书中提到，她们的生活不是一般的悲惨，只能睡在一张半大的榻榻米上，不过比起故乡的农村还是好很多。她们好歹还能进行结核病的检查，放假的时候还可以去看电影等。

但是，仅凭这些是不能客观地去看待和定位处于那个年代中的女性的。那么这个时候鹤彬描写当时女工的俳句就是个参考。因为不能描写出当时社会实际状况的话是成不了川柳的。

玉井暗娼女，模范多末路。
女工肺病死，实为募集钱。
都市归来女，见之心悲痛。

每一首都浮现出视觉般的画面来。某些地方还有不带感情的视线。面对生活在同一个时代的普通人，他能创作出川柳来，说明他对社会的认识并没有太与时代脱节。

短歌是与秩序的世界想亲近的。而俳句和川柳则是一种从平民的视角来感受时代气息的方式。

“农村很辛苦，工厂更辛苦”是真的吗？“女工们既会存钱，也会去看电影”的理解是正确的吗？由此得出女工的生活真的是一部“艰辛史”吗？这些看法会一下子转变的吧。

即使是现在，大学生的固定就业率不到一半，有人认为如今比就业冰河期更加严峻。虽然如此，但是大学生却反驳道看不上中小企业，他们说就业不得去一个大公司吗？不得挑拣选择自己喜欢的工作吗？他们实在是任性得很。这些都是事实。那么在历史上如何界定现在的就业状况呢？真是个难题。

佐高：您总是一边考虑这种问题，一边教历史的吗？(笑)

加藤：诶？奇怪吗？您不想知道她们一个月能去看几次电影吗？

佐高：你这样想的学者不是很少吗？

加藤：像我这样奇怪的人可能比较少。但是，我觉得作为学者而言，数据是最重要的。

佐高：加藤您真有意思。请不要误会，这是对您最大的褒奖。

长命的非战思想

加藤：在佐高先生您编辑的《久野收选集》(岩波现代文库，2012年）中，我又重新读了久野先生的文章，真是大开眼界。

首先，在中日甲午战争、日俄战争中基督教徒是用什么方式逃脱的？例如关于内村鉴三，只知道他“在日俄战争的时候转向反战了”。内村鉴三用什么语言讴歌反战的？我之前介绍过《寡妇的除夕》，这些事从久野先生的文字中得到了再次确认。

对于甲午战争、日俄战争，我们分别抓住反战运动这个“点”，但是却忽略了通过时代高唱反战的人。在日俄战争的时候，已经没有这样伟大的人了。到了太平洋战争的时候，也只有极少数像灯塔社和大本教等这样的人在高唱反战。

但是，也有自始至终都反对战争的人。例如，我们都忘记了还有无政府主义的石川三四郎这类人，确实有不少在日俄战争中倡导非战论的人，他们一直活跃到日中战争时期。感觉日俄战争距离日中战争的时间比较长，但是只有30年左右。

鹤见和久野先生都认真写过这一点。正是这些长命的非战思想，我们才必须重视起来。

对于历史，我们不仅要看到“谁什么时候死的”“在某某战争中谁说了什么”这些“点”，去探寻任何战争中一贯通用的语言和潜在的语言，还要注意从“线”或者从“面”来看，这也是非常重要的。

无政府主义的可能性

加藤：宪法发布前，即明治前10年的日本本来具有豁达随意的氛围，木下尚江也叙述过，但后来都被遗忘了。忘掉这些日本就不存在近代，这个看法也很重要。我对木下所说的“国家主义之前”深有感触。在迷失掉这种长命的反战思想和语言之后，太平洋战争爆发了。

在久野先生的文章中他写道，太平洋战争让所谓的知识分子全盘崩溃瓦解了，这在于他们都自认为战争要是转变为革命就好了。确实是这样。那些受过大正、昭和教育的聪明人士大体都走向了马克思主义。但是，漱石那代受过明治10—20年代教育的无政府主义者都没能走向马克思主义。内村鉴三也是这样，石川三四郎也是这样，他们都没有接受马克思主义的教育。从来没有想过要通过战争进行革命什么的。

战后，担任过东京大学校长的南原繁，在太平洋战争开战的时候，这样写道：

> 日本的做法是超出了人类的常识和学识，在与世界战争。

佐高：这是诗集《形相》吧。

加藤：南原说的常识和学识，都是马克思主义之前的东西。

南原在帝国大学毕业后进入了内务省成为一名年轻的官员，真是非常优秀。在原敬内阁时期原敬命令他起草劳动法，他说还想学习就回了东京大学，当了一名政治思想史的老师。对于南原来说，思想、常识和学识，都是马克思主义兴盛之前的东西。

让那些人觉得学识超过了就会发生战争。在发生战争的瞬间就明白“绝对输了”。这种想法属于长野先生、南原和接受过所有学识、常识以及日本近代正统血脉的人。

佐高：久野收、鹤见俊辅、丸山真男等战后的知识分子，恐怕在努力地寻找如坐标轴一样的偶像。于是他们对无政府主义充满憧憬。

加藤：我反复读过1920—1925年之前的言论，从中明白了人们说的“古董是什么”，无政府主义者们早早舍弃的东西是什么，还清楚地知道了思想是否过时。最初去俄罗斯和刚成立的苏维埃政权取得联系并获得资金支持的就是这些无政府主义者，像大杉荣等人，他真是个有趣的人。

但是到了昭和初期，山川均和福本和夫开始争论起来。然后杂志和报纸突然一起关注起福本主义来。“吉野作造？已经过时了。”“无政府主义者？已经过时了。”《改造》《中央公论》都已经忘记了无政府主义。读了一些日记后就会真的明白年轻人到底在痴迷什么。

权力是无意识的，但是从某种意义上说确实记录了权力的指向。当说起“谁在毒害社会”时，我翻阅了当时内务省警保局的史料后，发现在最危险的人物中居首的就是无政府主义者大杉荣和伊藤野枝。这是有象征意义的。他们没有死于关东大地震，但是早晚躲不过被杀的命运。

这有一种新兴的社会民主主义的可能性吧。我心中时常想保留着一种无政府主义的可能性，它与日本共产党的官方言论有所不同。我想把这两者联系起来。

佐高：是的。我常常说，日本共产党太正式了，而日本社民党在这一点上反而不是太正式，我很喜欢。(笑）太过于完美不太符合我的性情。

加藤：为什么呢？是因为完美的东西必定要肃清，必定存在内部对立的原因吗？

佐高：是因为我自己不完美。我知道我自己是什么样的人。

无政府主义诗人

加藤：在俳句诗人中就没有无政府主义者吗？

佐高：有很多，比如和田久太郎。因为比起短歌来俳句更符合他们的秉性。另外，世界语者也多了起来。

加藤：叫无政府主义者的俳句，真是有趣。去拜会鹤见先生的时候，他提到过无政府主义者诗人竹内照代。这位诗人的诗集《海的八音盒》（家庭之光协会，1979 年）很有名。美智子皇后 2002 年在瑞士召开的“第二十八届国际儿童图书评议会世界大会”上披露，“自己在带孩子感到苦恼的时候拿来慰藉内心的诗，就是竹内先生的《脸颊》”，由此他成了万众瞩目的诗人。

美智子皇后的这个言论被收录在她的《搭桥——童年读书的回忆》（文春文库，2009 年）中，请一定要读一读。这个世界大会的主题是“孩子与书籍——世界共通的课题”。

鹤见先生告诉我竹内照代在战争的时候是个无政府主义者。得了脊椎结核病之后，丈夫及其家人说“不要一个卧床不起的媳妇”，就把她赶出了婆家。卧床不起连孩子也照顾不了了，就给心爱的孩子写了一首诗《脸颊》。

> 一出生，不知人世，孩子的面容上，淌满母亲绝望的泪。

我不知道美智子皇妃是不是在知道竹内的战争时的身世后读的这首诗，但是她在带孩子的时候读了这首诗得到了慰藉。这是可能加深理解这首诗的轶事，所以希望读者一并对比阅读下收录有《脸颊》的《美好的时刻》（OFFICEM 出版社，2008 年）和《搭桥》。

终章

国家和个人

带有强劲而柔软的想象力和深深的怀疑

开朗的无政府主义者大杉荣

加藤：佐高先生您第一次问我："幸德秋水和大杉荣，更倾向于哪位？"我回答说最近觉得大衫可怜。之前没有好好谈过大杉，这次想谈谈他，可以吗？

佐高：嗯，当然可以。我虽然喜欢幸德，但也想听听这个大杉。(笑)

加藤：一般说起日本社会主义学的思想家，经常会想到身着便服、跟踪盯梢的人，很容易给人一种消极阴翳、身败名裂的形象。但是大杉性格开朗，总爱笑，是个很是为子女操心的人。有一次佐藤春夫在银座散步的时候碰见有个男的从玩具店里出来，仔细一看正是大杉，他牵着他的大女儿魔子的手。

据说佐藤春夫问过大杉，在想一些过激运动的时候，会不会因为考虑到妻儿而意志动摇？当时大杉这样回答道：

> 妻子暂且不提，孩子的事情确实是伤脑筋。简单来讲，即使是在被监禁的时候，外界的事物对于我来说并不算什么，但每到傍晚想起自己的家庭，就会思考如今的自己究竟在做什么，脑海中会一下子清晰地浮现出孩子的脸庞，真是让人受不了。我告诫自己不要像个女人似的泪流满面，但是

怎么也止不住眼泪。这样下去妻子便更显得无足轻重了。(《我记忆中的大杉荣》，载自《无聊的读本（下）》，佐藤春夫，富山房百科文库，1978年)

佐高：大杉荣被逮捕杀害的时候，他的外甥橘宗一同时也被害了。

加藤：是的。他既疼爱自己的孩子，也疼爱妹妹的孩子。佐藤春夫还这样写道：

我刚想要进尾张町附近的清新轩的时候就看见一个戴着头盔、身穿白色西服的男子牵着同样穿着西服的女儿走出来，他正是大杉……报纸上写道大杉被杀害时穿的是白色亚麻布的西装，那大概就是我最后一次见到他时所穿的那件吧……（同前）

他总是带着孩子一起散步，因此被害时孩子也未能幸免于难，这是再自然不过的了。我想在某种程度上来说也是必然的吧。

佐藤春夫在追忆大杉时写道他是个很爱笑的男人，“笑容相当爽朗，毫无做作之态”。

佐高：听说加藤女士您喜欢笠原和夫，那么应该看过《无仁义的战争》吧？

加藤：看过看过。

佐高：不记得是在《无仁义的战争》的第几章了，有个情节是松方弘树在去情人住处之前，想顺路到玩具店为孩子买玩具时被杀害了。总而言之他暴露了某种弱点。

加藤：嗯，设计得很巧妙。笠原先生毕竟还是有很多无政府主义朋友的。如果他在读了竹中劳先生所著的关于大杉荣的书（《断影——大杉荣》，筑摩文库，2000 年）后设计出这种场面就好了。

佐高：也许吧。

加藤：根据跟踪和搜寻大杉荣的内务省警保局的资料来看，不限于大杉这一件事，其实有很多奸细在搜查共产党的初期活动。他很明显是被指定了的。原以为这个奸细会一直得到保护活下来的，但是在史料解说等材料中却写着他"在狱中死亡"了。从这一点来看，通力配合的人也并没有安全的保障。

这么想来，原敬在被暗杀的时候，也有一位为他去买号外、说起来还是熟人的跟踪者。跟踪的人和被跟踪的人，与其说是鲜明的敌我双方的关系，倒不如说是其中存在着复杂的人际关系和人情世故，并且生与死总是向背而峙的。

大杉不知道自己会于何时被杀害，即使在这种状态下他还能够开朗地开怀大笑、疼爱孩子，我为他积极乐观而又温柔体贴的态度感到震撼。这是在说无政府主义者并不等同于冷酷无情的人吗？

佐高：加藤女士，你这种想法很危险吧？

加藤：诶？

佐高：没有，只是有点这么觉得。(笑)

加藤：吓了一跳。(笑)

佐高：和大杉同时被杀害的孩子橘宗一，他的父亲是美国移民，持有美国国籍。因此美国大使馆也提出了抗议，还成为内阁会议的议题。如果不是这样，也许这件事就会被暗地隐藏下来，永不见天日了。有一种说法，认为杀害大杉的宪兵甘粕正彦事实上是在替别人背黑锅。

GUNDAM（机动战士高达）[①] 与战争

加藤：动画电影导演富野由悠季在《GUNDAM ACE》杂志上连载过《请指教，我是富野》，在那上面我曾经和他有过交谈。

佐高：啊，我也和他聊过。他是个十分热衷于学习的人。他直截了当地问我："国家破产了将会怎样？"我都没有回答上来。我是个不懂经济的经济评论家。（笑）

加藤：他在现在的年轻人中也很有影响力。不仅如此，他对父母热衷于GUNDAM、而自己在中小学时代被父亲骂也要借录像观看的20岁左右的年轻人也同样很有影响力。

我之前对GUNDAM这样的"世界系"有点难以理解，但是交谈后感觉有些懂了。富野先生是个十分好学的人，并且很有思想。

在众多文化人出演的《日本最漫长的夏天》（导演、编剧：

① GUNDAM（机动战士高达）：1979年问世，是日本动画作品中最著名、最经久不衰、盈利最高的系列。

仓内均，原作者：半藤一利，2010 年）一片中，富野先生饰演了今村均这一角色，我见到半藤一利先生时问道："那个角色是怎么决定的？"他说是大家各自都说了自己想演的角色。富野先生说喜欢今村均，就让他饰演了这个角色。

今村均在战争结束的时候是一名陆军大将，当然也是一名战犯，但是他精于指挥，很多人都对他大加赞赏，所以被免去了死刑。今村均从巢鸭拘留所出狱之后，也一直独自在自家宅院中闭门索居。

佐高：富野先生如果也走错了一步，有可能会出家做和尚去。（笑）就像《缅甸的竖琴》那样。

加藤：确实我也这样觉得。（笑）富野先生是个潜心读书做研究的人，在那个叫《请指教，我是富野》的节目中，不论是什么样的领域还是什么样想法的人，他首先会试着去见他们并聆听他们的声音。

富野先生这一点做得很好，他不会因为个人喜好而接受或者拒绝见面。我想起佐高先生您以前说过的一句话。在编撰人物辞典时，您说鹤见俊辅先生在思想上无论是"左倾"还是"右倾"，把他从人物辞典的执笔委托项目中排除掉是不合适的。您还说即使是右倾也是有必要将其加入的，而且也必须把小林善范的名字写进来。我觉得富野先生也是因为这样的想法，才去见了很多人的吧。

佐高：嗯嗯。

加藤：这样一来他就将很多吸收的东西完整地呈现了出来。例如，一般情况下评论家会评论说，"太平洋战争时期，陆军完全不考虑后勤供给的问题而进行战争，所以才会打这样愚蠢的战争”。但是富野先生却通过动画场景，甚至是GUNDAM来清晰刻画了后勤的情景，并且也逼真地描写了利己主义者从老人、孩子手中抢夺事物的细节。他想向年轻人传达诸如此类简单易懂的信息。

日本的动画和漫画如今已是享誉世界的一种文化，所以我觉得这样的输出方式是极其重要的。归根到底，各自通过各自的方式将自己和自己的问题公之于众才是最重要的。

摇摇欲坠的必要性

佐高：结果，这是个如何和国家对峙的问题，归根到底还是个如何看待国家的问题。

前原诚司还是不够成熟。在我眼中，我怎么也想不到国家是可以毫不动摇的。然而前原这类人却深信国家稳如磐石，也绝对应该如此，他们不接受除此以外的任何存在，这种想法实在单纯。因此问题接踵而至。在国家动摇期间，不去思考什么是理想，有什么样的现实路线等问题，是不会有出路的。他们不明白这一点。

加藤：也许是他们的民族素质太过硬了，认为国家就应该是这样的。

佐高：我最近有机会和西部迈先生好好交流了一下，也许会有人说："什么？佐高你以前不是批判过西部？"我和他现在依然许多不一致的看法，但是，也有能够相互理解的部分。我觉得比起前原来，西部还是更容易沟通的。因为他绝对没有认为过国家是坚不可摧的存在。总觉得在这里西部和我都受到了无政府主义的影响。但是前原并没有这种感觉吧。

加藤：啊，原来是这样。有没有受到无政府主义的影响是个重点呢。

佐高：是的。对于之前作为日本兵应征的韩国以及台湾地区的人民，日本是否要好好报答一下？西部认为要把这件事当成一个问题来看待。他说他们为我们出了力，必须好好报答。

加藤：他们是以日本人的名义应征入伍的，所以应该好好补偿这些人。我也有同感。

佐高：是吧，这才正派。

在 1936 年的柏林奥运会上，有一个名叫孙基祯的运动员获得了马拉松比赛的冠军。当时，朝鲜在日本的统治之下，所以他作为日本选手出场并升起了日本国旗。据说孙基祯当时对此十分懊恼，一心想要将日本国旗撕毁丢掉。

之后，柏林建立了奥运会的冠军纪念碑，他的国籍被刻成了"Japan"，于是有一次，一名韩国游客用凿子将那一部分削掉改成了"Korea"。之后 IOC（国际奥林匹克委员会）又将它改成了"Japan"。孙基祯说，"JOC（日本奥林匹克委员会）替我提议变更国籍的话，IOC 也应该理解我的"，但是我认为他本人如果想让 JOC 改成"Korea"的话应该会去做的吧。

西部不反对这类说法。所以我们也可以一起出书。和西部一

起出书，连我自己都感觉到我长大了。(笑)

加藤：原来如此。是像大人一样能包容了吧。

佐高：野坂参三曾经说为了谈判中日邦交正常化的问题而去中国的时候，外务省一直不批签证。野坂参三便去找大野伴睦协商，大野伴睦向外务商洽过后才让他去了。

自民党中年轻的鹰派对此十分生气。然后大野伴睦说“原本野坂参三就是赤化分子，他去赤化的中国没有什么呀”。

加藤：他城府真深，真是保守派最好的一击。

佐高：这么说是一个政治家的城府，他真能沉得住气。如果一味地说这绝对不行、不允许、不可能之类的话等形式主义，想平息都难。

加藤：小林一三也是这样，这位战前的经济界人士并不畏惧“赤化分子”、共产主义者。大概是因为年轻时得过麻疹的原因吧。反过来说，由于他确信经济自由、资本主义社会有其合理性，所以十分有自信。若是岸信介这些人，当青年将校们提到计划经济万岁的时候，会担心他们正在迅速赤化吧。

佐高：嗯，这确实可以区分出岸信介和石桥湛山。田中秀征经常说，要消灭共产主义是可笑的，要和共产主义竞争比较好。

加藤：的确如此。这样说的话，似乎检察机关的一部分人认为鸠山内阁、菅直人内阁的民主党政权是极端左倾的。这虽是从新闻记者那里听到的传闻，不过据说公安逮捕学生运动家的事件在不断增加。其中不乏以前被忽视如今又再次积极奔走的学生。想想“在如今的时代为何会这样”，这大概是因为检察机关自身对现有政权和社会存在危机意识吧。

佐高：正好颠倒过来。

加藤：您说营直人内阁是左倾的政权。但纵观其经济政策却不明白哪里体现了左倾。

佐高：国家并非不可动摇的，也就是说，生活在其中的人们必须尽可能采取灵活的方式来应对这个波动。倘若坚持己见就会被轻易打败，不灵活对待是不行的。

围绕冲绳核密约

佐高：日本人的国家意识、与国家保持距离的方式包含着与媒体的关联，其典型体现就是冲绳核密约问题。

加藤：是的。佐藤荣作和尼克松 1971 年交换冲绳返还谈判协议时，实际上有个密约。这个问题在第二年的国会上已经讨论过，但是问题的焦点却转向了掌握密约确凿证据的报社记者和向他泄漏情报的外务省女职员的男女问题上，即所谓的“外务省机密泄露事件”。

佐高：是的，完全偷换了问题。泽地先生写了《密约——外务省机密泄露事件》（岩波现代文库，2006 年）。泽地先生质问道，是首相撒了谎、骗了国民才是最大的问题。

外务省机密泄露事件发生的时候，市川房枝作为参议院议员做了采访调查，而且在判决中为上述那位外务省女职员提出援助辩论说这是没有的事。泽地先生对市川女士这位前辈失礼大加批判道：你为什么对此这么关心，可是问题的本质不在这里呀。

但是，在世俗的人看来，丑闻是更有趣的。冷静地去追究事情的本质、是否有密约、密约中隐藏有什么样的条件？比起这些，以市川房枝这样背负道德高度的姿态向丑闻当事人伸出援助之手，会更受欢迎。

无论媒体的大肆炒作还是舆论的批评谴责，我想，延续至今的社会上这个微妙的“狂躁”就是从这个时候真正显现出来的。

加藤：是的。在密约问题上，作为佐藤首相密使而实际有所作为的若泉敬先生，在留下《可行的最佳路径》（文艺春秋，2006年）这本纪实逼真的记录后自裁了。他深深懊恼自己的谈判作为现实问题招致了什么样的结果，想着事到如今不管别人怎么说，他都要写出来让世人知晓这一切，于是就出了书。然而，他的书几乎没引起重视。

佐高：我还是觉得，每个国民是不是没怎么考虑自己与国家的距离。

加藤：每个国民吗？

佐高：是的。我那已离世的伯母就是一个特别普通的乡间大婶。虽然是个平民百姓，当我在学生时代抱怨“战争又要来了”的时候，她说“那样残酷的事情不要再发生了”。她不去考虑基于什么原委打仗，只是愿意去相信这种地狱般的事情不会再发生了。

我想这就是一个平民百姓的真实想法。

加藤：确实，在被称为地震魔窟的日本土地上，抱有些许不安而安稳度日的精神或许就在这里。

佐高：虽然想着这就是平民的想法，但是如果全体国民都在这个地方止步不前的话，那么这个战争经历就成不了教训。去想也无济于事，或许就不去想了，但是这里能调动想象力，事实上是很重要的。在停止思考的状态下，是想不出什么解决方案的。

加藤：想象不出自己摇旗送出去的士兵在敌对国会做些什么。看到瘦骨嶙峋的残兵败将那凄惨的模样，虽然能想象得到他们悲惨的经历，但是仍想象不到这些人在当地或许做了残暴行为。是的，可以调动想象力的环境是非常重要的。

媒体“心醉神迷的正义”值得怀疑！

佐高：既然检察和司法机关都没有意识到战争责任，媒体自然也不会意识到。市川房枝式的、可以说受万人欢迎的人道主义，写了太多。

加藤：媒体有很大的问题。不是军队在请求媒体宣传，而多半是媒体在鼓动军队。看一下战前的报纸就会马上明白了，我们必须记住这个责任。《朝日新闻》等报纸勘察了“报纸与战争”的责任问题。

佐高：松永安左卫门，大约在近卫文麿当首相之前，发火说过“心醉神迷的革新”一词。仿照这个词，看最近的媒体，就很有“心醉神迷的正义”之感。好像自己也成了正义的一方，从单方面视角来胡乱地给别人定罪。

加藤：现在，资本主义已到了尽头，正经的投资人或公司，哪怕是赚到一元钱都会报答的，但是现在可能有一种氛围是反资本主义的，它在否定正经公司的运营方式。这就是心醉神迷的正义，就是心醉神迷的反资本主义。

佐高：小泉纯一郎当内阁总理的时候，他的支持率高达90%，如果批判小泉的话，会被抨击得很厉害，我作为评论家沦落到被晾到一边的地步。但是舆论是否绝对正确，对此我感到十分疑惑。连我都被说成是舆论的话，仅凭这一点就先要小心了。

媒体让舆论沸腾，然后借着这个舆论再过度报道，舆论就再次喧嚣起来。于是只剩下了最高的赞美，或者是来自各方的抨击。

我想对年轻人强调，“不要轻易紧跟媒体令人心醉神迷的正义”，“要去怀疑舆论”。

加藤：是的。我很担心简单煽动一下就上钩的那种孩子气，结果就会只有一时义愤而忽视其余的丰富的感情。也就是说，感情教育势在必行，如果进行了良好的感情教育，即使一直面对无聊的劝说，也不可能轻而易举地依从并行动。那些所谓的“孩子气”是因为没有进行过感情教育，所以稍被刺激就会乖乖上钩了。

佐高：在五味川纯平的《战争与人》中，有句话给我留下了深刻印象。标拓郎面对弟弟耕平说，“不管怎样都别相信思想什么的！首先要怀疑，要看那个人的吃相！”

轻举妄动的日本人有很多。他们会立刻轻信别人，不太能够在怀疑的基础上再去相信别人。他们也不能够立马明白要用自己的头脑去好好思考一下，如今特别需要这种素养。

结语——历史与日本人

东京大学教授很少有像加藤阳子女士一样喜欢电影《无仁义的战争》的剧作家笠原和夫的，我关注她就是基于这一点。如果没有这个视角，就没有《尽管如此，日本人还是选择了“战争”》（朝日出版社）这本书。

加藤女士把2001年9月11日在美国多地同时发生的恐怖事件与20世纪30年代日本对中国的侵略进行了比较，她说“把时代和背景各不相同的两次战争相比较，是因为30年代的日本和现代的美国，能看到应该完全不同的两个国家根底上有着共通的部分”。我们也想通过这本书弄明白，在国家或者是战争那“根底上共通的部分”到底是什么。因为我认为为了和平的战争是反国家主义的战争。

本书中也有涉及，作为“根底上共通的部分”之一，首先是对军队这个存在的认识。自卫队的统合幕僚会议议长栗栖弘臣明确过这一点。他是制服组的领导，在1978年做过以“如果没有对应紧急事态的法律制度，在被侵略的情况下，自卫队就会不得不做出超法规的行动”为宗旨的“超法规发言”，被当时的防卫厅长官金丸信免了职。

栗栖在2000年出了一本书叫《创建日本国防军吧》（小学馆文库），关于“保卫国家”他说道：

“都说自卫队在保卫国家，但是很多人误以为它在保卫国民的生命和财产。”

“政治家和大众传媒也往往使用这样的语言”，但是栗栖断言这是“误解”。

然后他接着说：

“如果发生战争，自卫队员必须先去送死。自卫队员也是国民的一部分，这与保卫国民的生命和财产是自卫队的职责，是十分自相矛盾的。”

这就是官僚们经常使用的形式理论。那么，自卫队在保卫什么呢？

按照栗栖的话说，“自卫队法中也有写道，是在保卫国家的独立与和平”。

那么，国家是什么？

有人说是“以天皇制为中心的有着国家固有国情的家族意识和国民意识”。

正如高桥哲哉所著的《靖国问题》（筑摩新书，2005年）中所指出的那样，所谓“国情”，也就是曾经的“国体”吧。

与大日本帝国时期的军队一样，自卫队并不是“保卫国民生命和财产”的存在，而是在“保卫国体”。因此，我们不能惊叹田母神俊雄的“田母神演讲”，田母神直接继承了栗栖前辈提倡的言论。把栗栖的教诲当成“正解”的田母神，他的演讲是有问题的。

尽管如此，在已故的栗栖的书中还有很多令人震惊的言论：

动不动人们就会自称因为战争而失去了青春，哀叹为国家权力而作出了牺牲。对于敢死队的勇士也能摸索出人的弱点，说来像个不得已动身出发的受害者一样。但是，当时的年轻人洋溢着现代人无法想象的活力，内心燃烧着愿意为国家殉职的奉公心。

正如栗栖所说，“内心燃烧着愿意为国家殉职的奉公心”，作为少年兵参加海军的城山三郎，以自己的亲身体验反复强调“敢死队不是我的志愿”。当时言论不自由，都是国家逼你填志愿，实际上就是强制。城山就是“当时的年轻人”。

栗栖这样说天皇：

天皇是国家和国民统合的象征，这一规定模糊了天皇的元首说。结果我国是君主立宪制还是民主制就有了争议。然而大多数国民都坚信天皇才是日本的元首，认为外国也理应是这样的。虽说要制定宪法，但是有着悠久历史的信念和习惯，与英国的不成文宪法一样，是宪法的基础。自卫队为谁尽忠？他们绝不是为贪赃枉法的总理卖命。20世纪50年代，我去同为战败国的（旧）联邦德国的时候，德国人感叹说，真羡慕日本人，战败后保留了天皇制，而德国什么都没有留下来。

但是，“大多数国民都坚信天皇才是日本的元首”是真的吗？读完下面这一段话你就会明白，对于制服组来说，宪法只是个阻碍而已。

> 拦截导弹存在实效性的问题，但是按照“以牙还牙”的理论，对于导弹而言，我们也很快就拥有了能射到对方基地的导弹。而且我国技术有可能实现巡航导弹的长射程和精准导航。拿违背宪法而持反对观点的人实际上就是置国家安危于不顾的元凶。

接下来是对战后教育的诅咒：

> 战后我国的家庭教育崩溃了，学校教育又以讨好学生为主，所以国家的教育目标无论如何是不可能达成的。第一，教育基本法的目标本身不是在培养国民，而是要改成以个人的自由为对象。

栗栖死后，教育基本法终于“改”了，栗栖泉下有知或许会满意了。并且，栗栖曾经称赞过普鲁士的首相俾斯麦，说议会没有通过增加军费预算的时候，他甚至违背宪法长达四年独断专行来执行这个预算。栗栖写道：“议会最终做出了让步，事后承认了全部预算。”这是在明示制服组如何把宪法和议会不放在眼里。

不要去深思军人的这些想法和癖好，市川房枝就大力赞扬过石原莞尔。

我在《每日周末》连载专栏的2010年9月26日号上向市川写了一封信，提醒他“不要忘记比正直更重要的东西”，但是近年来都没有引起如此大的反响。

我受菅原文太先生邀请上了广播节目，还得到了中西礼先生的感谢，他说“原本是不知道的”。下面把这个专栏引用如下：

敬启者　市川房枝女士

作为被菅直人尊为师长的人，市川女士您的大名经常出现在媒体上。但是，与正直的鹰派相比，我更倾向于哪怕卑鄙的鸽派，我不得不指出作为正直代名词的市川女士您把正直奉为第一要义缘由中的一个错误。

我就同乡军人石原莞尔写过一个评传叫《石原莞尔的虚饰》(讲谈社文库，2003 年)。

我知道市川女士您在战争中加入过由石原领导的东亚联盟。那个时候正面反对战争的人要么被捕入狱，要么被镇压，所以我不想对此多加指责。

但是，战后 30 多年过去了，在 1976 年春出版的《石原莞尔全集》中市川女士您给予了强烈推荐，对此我无法饶恕。您说：

“我只读过石原中将的一部分作品，但是石原是中将也就是担任京都师团长的时候，我在京都他的家和军人会馆里见过他，我敬佩他的人品和对中国的看法，也曾参加过一段时间以他为中心的东亚联盟。我是普通百姓的女儿，完全不认识你们这些伟大的军人，对不理解妇女喜好战争的军人甚至军事当局比较反感。但是我觉得石原中将是个不一样的军人，是个前所未有的伟大军人。”

军人看一眼就知道正直，我只能说您的眼花了。没有人比市川女士您更能体现奉正直为至上的危险了。菅先生也是这样，支持他的人不是松下政经塾而是“松下未熟塾”出身，这些人成了军人，是正直的鹰派。

与市川女士您形成了鲜明对比，直接对石原莞尔定罪的是犬养道子女士。1932年5月15日，一位青年将校射杀了她的祖父犬养毅（当时的首相)，她在作品《某个历史的女儿》(中公文库）中这样写道：

“犬养木堂（犬养毅的雅号）遭暗杀的重要因素是‘满洲国’问题，如果极端概述一下从产生问题到‘满洲国’建立的一切，‘满洲国’问题仅仅是因为一个右翼的犹如神灵附体般被称为天才的人。这个人就是高呼‘为了解决“满洲国”问题把犬养派来的使者砍了！’的石原莞尔。”

市川女士您把犬养道子女士之前斥责的石原奉承为“一个不一样的军人，一个前所未有的伟大军人”，真的是没有一点历史认知。

奇怪的是，市川女士您1976年发表这篇推荐文章时是洛克希德事件暴露的年份。比起卑鄙的象征田中角荣，我更恐惧毫不顾忌地夸赞石原的市川女士您。您的弟子菅先生好像也和市川女士您一样犯了把正直奉为第一的错误。

说起来，市川女士您在“五一五”事件的第二年即1933年的《妇选》8月刊上评论这个事件时写道：“以被告的动机是善意的这个理由就认同暗杀行为，希望绝对不要有这种事。”但是为什么石原莞尔不能是被告？

当然，我不是说不去强调正直，我想说的是不要忘记还有比正直更重要的存在，不要把正直奉为第一。

思考“战争与日本人”，就是在思考“历史与日本人”。

在轻浮草率的畅销书泛滥之际，能够拜读加藤女士的《尽管如此，日本人还是选择了“战争”》，实在有幸，也希望能读到一些强劲有力的辩论。

2011年1月19日

佐高 信

译后感

每个国家的国民在不同人的心中都会有着众多的形象，日本人给人的形象也同样是多种多样的，比如侵略者、制造事端者、巧言善辩之徒、排外主义者、恐怖主义者等等。在现如今世界形势风云变迁、不断变革的时代，日本人认清自己的形象显得尤为重要。因为这决定着今后日本与其他亚洲邻国之间是否能够和平共处。而其中的重中之重则在于如何让“孩子”们认清历史和时势，以防止他们陷入“恐怖主义”的藩篱之中，这比“大人”们的认知更为重要。

书中所说的“孩子”，不是指未成年人，而是指一种因义愤和短见而引起暗杀、恐怖主义、政变等不良后果的年轻人，他们鲁莽行事、幼稚武断、不顾后果，却是“扭转乾坤”的存在。这些“孩子”们往往容易受到极端思想的蛊惑，在非理性历史观念的熏陶下，造成社会中偏激的行为的频频涌现，甚至在力量聚集后形成群体事件，使得资源消耗、社会动荡，继而引发国家的动乱，阻碍国家正常发展的步伐。因此，正确历史观、价值观的树立便是一项重要而影响深远的社会责任。

要告诉“孩子”们的是，不可以用一种单纯的视角来纵观历史，也不可以把全体日本人作为一个“个体”来评断他们之于战争的功过是非，更不可以站在伦理道德的高度上“一视同仁”般对日本人在战争中的所作所为说三道四。而应该像加藤阳子那样用“思考的启发”以及佐高信那样用“柔和的视点”来审视历史，特别是要避开伤感和断言来重新审视“战争”，更要给“孩子”们提供学习这些历史态度的机会。

历史不仅是当权者叙述的历史，更应该是由每一个底层人或失权者的经历组成的鲜活史实。但是女性、农民等善良沉默的人民往往被忽视，而当权者叙述的一元价值观却狮虎当道。当权者操纵着舆论，使人民丧失了言论自由的呼声和勇气，甚至甘愿受其愚弄和牵制。“孩子”们则是受到了掌权者操纵的报道的影响才成为了恐怖分子，他们杀害那些想要改变时势、锐意改革的政治家，实际上多是在倡导经济方面的国际主义、外交方面的合作主义、内政方面的议会主义，也就是平衡各方权势、权衡“现实与理想”的存在。改革派政治家的缺失，使得政府内部缺乏制衡的力量，仅仅是代表着某一集团的利益，在此环境中所制定的政策方针也便缺乏公正性可言。长此以往，政府势必与民意背道而驰，走向一意孤行的危险境地。

然而，日本的征兵制不是志愿参军的制度，与其说会让国民感到喜悦，倒不如说有种被迫参军之感。日本国民在战后不肯道歉，一方面是由于国民在战争末期遭到了惨重的打击，另一方面是对这种征兵制感到不满。他们被强迫拉上战场去送死却要为战争担负致歉的责任，这一点实在令他们想不通。明明自己也是受害者，但却被当权者解释成：全体国民共同来“均沾”战争带来的不幸，就会体会到“别人的不幸中有蜜的味道”，使得一个大不幸变成均摊到每个人头上的小不幸。这种荒谬理论竟然还被冠以“公平”之名，从而忽略了“国家”与“个人”之间的差异。现在的日本受到宪法九条的限制，已然没有了征兵制，但不敢保证日本不会重演历史卷土重来，而这是需要特别关注的。因此，如何向“孩子”们诉说和解释历史和战争便是当务之急。

人民普遍对战争充满着厌恶之情，战争给予的影响往往是“民破国荣”，国家独享战胜的果实，却由国民来承担战败的恶果，只不过没有人敢说出这一事实罢了。每一个日本人要有直面自己不敢苟同的观点的勇气和视野，不要人云亦云，佐高信说：“一个劲地宣扬正义、坚称自己才是对的人，基本上都不怎么靠谱”，只声张自己主张的正当性，甚至都不曾想去了解对方的思考方式，也就是说在考虑外交和安全时不去认可原本最重要的灰色地带，是令人恐怖的。生而有用是人类共同的追求，但在非常态的“战争状态”的形势下，趋向动物性考虑的“有用”往往会制造灾难。所以日本人需要站在旁观者的立场上冷静看待这一形势，而文学就是秉持立场的法宝。因此万不可把死板的正义印在书本上，这样会教坏、教唆尚不谙世事的“孩子”。

战争期间，国家和个人之间到底是什么关系？换句话说，日本人到底该忠孝报国战死沙场还是苟且偷生家庭圆满？每个人活在国家和社会之中，自然会感知到国家和社会之于个人的人情冷暖，也会受到人情冷暖之困苦。世人常言，深谙其道并融入其中倒是好过特立独行。于是连“厨房”里的日本女性们都走向了社会，扛起了“正义”的大旗为国家的生死存亡而整日蝇营狗苟，农民们也学起佐仓惣五郎等人来。国家的当权者于是就趁势利用基督教思想等一系列手段施行所谓的“教育”，以便培养起自己所需的“人才”来，骗他们说在战争中可以寻觅到“乳和蜜”的所在，结果导致国民不安其所，国家混乱糟糕，这成了法西斯主义的源头。即便是现在也是如此，只不过战场由海外转移到了日本的企业和网络之中，新时代的国民看似在追求自由平等，实则整日处于法西斯主义的监视之下，甚至无意中充当着法西斯主义的爪牙。

当下的日本，自卫队标榜自己是保护国家独立与和平的利器，负责对外，警察也标榜保护国民生命和财产是他们的使命，负责对内。其实他们是最靠不住的，也不值得信赖。自卫队外交政策的前提是不以美国而以中国为敌对国和假想敌。但世上没有永远的朋友或敌人，伴随着中国的不断进步、国际形势的剧变，国家理应冷静对待、通观全局、调整对外政策，与中国之间和平相处或许是唯一的道路，而不要再煽动国民与中国对抗才是。

文学不仅是秉持客观立场的法宝，它还有助于日本人认清历史，比如日本人通过天皇的御制诗歌，依稀明白了皇权威仪之下、旨在提高军民士气的昭和天皇，在内心深处存在着苦闷和伤耗之情；通过川柳，深刻地体会到了女工的辛酸过往。文学特别是诗歌有规范人民生活乃至思想秩序的作用，描写“个人”酸甜苦辣生活的文学可以潜移默化地使日本人具有持久的非战思想，心目中没有所谓的“国家情怀民族大义”，只有活生生的个人，即社会处于一种“无政府主义”的状态之下，这或许是解决冲突与战争的要义所在，也是本书的根本宗旨。正如笠原和夫所言：“总觉得日本人在无政府状态下才有活力。”

陶小军　张永亮